全国高等院校新形态一体化规划教材

"互联网+"创新教材

职业院校
创新创业基础教程

ZHIYEYUANXIAO CHUANGXIN CHUANGYE JICHU JIAOCHENG

微课版｜双色版

高春玉◎主　编

刘维振　周　忠　丁良喜◎副主编

中国海洋大学出版社·青岛

CHINA OCEAN UNIVERSITY PRESS

图书在版编目 (CIP) 数据

职业院校创新创业基础教程 / 高春玉主编 . -- 青岛：
中国海洋大学出版社，2022.6
ISBN 978-7-5670-3183-8

Ⅰ . ①职… Ⅱ . ①高… Ⅲ . ①创业－高等职业教育－
教材 Ⅳ . ① G717.38

中国版本图书馆 CIP 数据核字 (2022) 第 103243 号

出版发行	中国海洋大学出版社	
社　　址	青岛市香港东路 23 号	**邮政编码**　266071
出 版 人	杨立敏	
网　　址	http：//pub. ouc. edu. cn	
电子信箱	1079285664@qq. com	
订购电话	0532-82032573（传真）	
责任编辑	赵孟欣	**电　话**　0532-85901092
印　　制	北京虎彩文化传播有限公司	
版　　次	2022 年 6 月第 1 版	
印　　次	2022 年 6 月第 1 次印刷	
成品尺寸	185 mm×260 mm	
印　　张	12	
字　　数	180 千	
印　　数	1～3000	
定　　价	46. 00 元	

　　职业教育很重要。职业教育是与普通教育不同的教育类型。在国家发展中，二者具有同等重要地位。2019 年，国务院印发《国家职业教育改革实施方案》（以下简称《方案》）并强调指出：没有职业教育现代化就没有教育现代化。

　　创新创业教育很重要。2015 年，国务院办公厅下发《关于深化高等学校创新创业教育改革的实施意见》；2018 年，国务院再次下发《关于推动创新创业高质量发展，打造"双创"升级版的意见》；2021 年 9 月 22 日，国务院办公厅又下发《关于进一步支持大学生创新创业的指导意见（国办发〔2021〕35 号）》。连续三道令牌，足见创新创业教育的重要程度。

　　职业院校开展创新创业教育也很重要。职业院校要引领职业教育服务发展、促进就业创业，落实好立德树人根本任务，要帮助学生拓展就业创业本领，缓解结构性就业矛盾。职业院校应当根据自身特点和人才培养需要，主动与具备条件的企业在人才培养、技术创新、就业创业、社会服务、文化传承等方面开展合作。

　　近几年来，"互联网 +"大学生创新创业大赛点燃了万千名学生心中的创新创业热情，在大赛中也涌现出许多与职业院校相关的优秀创新创业产品和项目，这是非常令人欣慰的。创新创业不是名牌高校的专属权利，职校生也可以在创新创业大潮中傲立潮头。职校生不仅要结合自己的专业优势，立足解决当今社会发展的需求，也要在创新创业中增强自信，在创新创业中增添自己的学习动力，这些是职校生一生可以享用的财富。

　　本书以项目导向和任务为教学目标，旨在提升学生创新创业的知识和能力。项目一：认识"双创"，主要阐述"双创"的一些基本概念；项目二：激发职校生创新创业激情，在学生的心中播下创新创业的火种；项目三：职校生创新创业项目筛选准备，介绍了选择创新创业项目前要做的各种准备；项目四：职校生创新创业项目快速实验 / 检验项目，主要是解决学生想得多、做得少的问题，鼓励学生对选定的项目要快速进行尝试和及时检验；项目五：职校生组建团队和创办企业，阐述尝试并确定了项目可行之后要做的事情；项目六：选择适合职校生创新创业的商业模式，主要是介绍特别适合职校生创新创业的商业模式；项目七：职校生创新创业项目计划书，主要介绍项目计划书的撰写技巧；项目八：职校生创新创业的资金筹措和风险管理，主要介绍创新创业的资金准备和风险防范。这些内容可以帮助职校生在短时间内了解和掌握利用优势（包含但不限于专业优势）创新创业的本领。

为了帮助职校生更踊跃地参加"互联网+"创新创业大赛，并取得好成绩，编者还专门用附录形式介绍了国内几大创新创业大赛，以便职校生能够尽早了解大赛规则，并做好参赛准备。

我们组织了有经验的创业导师、企业工程师和教学经验丰富的教师，共同编写了这本教材，项目一、二、三，由高春玉老师编写；项目四、五、八，由周忠、王少浪老师编写；项目六、七，由刘维振、丁良喜老师编写；附录由王少浪、廖冬丽老师搜集整理。希望本书对提升职校生的创新创业有所裨益。

祖国的大好河山是我们展现自我才能的基地，未来的职业教育在现代科技的支持下，一定会成为新的发展风口，是一个数万亿级的大产业，祝愿职校生在祖国的建设中展现自己的才华，展现出自己迷人的风采。

编者

2022 年 1 月

职业院校创新创业意愿及帮扶需求调查问卷

此问卷是针对在校职校生创新创业意愿及帮扶进行的调查，旨在了解职校生对创新创业的认识、意愿、困惑及需要学校和社会提供的帮助，从而帮助学校和教师们更好地定位，并更好地引导职校生投身创新创业、实现人生梦想。

一、学校一般情况

姓名：_____ 性别：_____ 年龄：_____ 年级：_____

学校名称：_____

所学专业：_____

学校层次：A. 高职高专　　　　　B. 中职　　　　　　　（　　）

学校性质：A. 公办　　　　　　　B. 民办　　　　　　　（　　）

学科门类：　　　　　　　　　　　　　　　　　　　　　（　　）

A. 农林牧渔大类　　　　　　B. 交通运输大类

C. 生化与药品大类　　　　　D. 资源开发与测绘大类

E. 材料与能源大类　　　　　F. 土建大类

G. 水利大类　　　　　　　　H. 制造大类

I. 电子信息大类　　　　　　J. 环保气象与安全大类

K. 轻纺食品大类　　　　　　L. 财经大类

M. 医药卫生大类　　　　　　N. 旅游大类

O. 艺术设计与传媒大类　　　P. 公安大类

Q. 法律大类　　　　　　　　R. 文化教育大类

S. 公共事业大类

二、个人一般情况调查

1. 您来自　　　　　　　　　　　　　　　　　　　　　（　　）

A. 一线（或准一线）城市　　B. 省会城市

C. 地市级城市　　　　　　　D. 县城

E. 乡镇及以下

2. 您的家庭经济状况 （　　）

    A. 经济富裕（年收入 ≥ 30 万元人民币）

    B. 经济一般（年收入 ≥ 10 万元人民币）

    C. 经济拮据（年收入 ≥ 3 万元人民币）

    D. 贫困户 （年收入 <3 万元人民币）

3. 您的父母工作情况 （　　）

    A. 公务员 / 事业单位　　　　　B. 国企 / 外企高管

    C. 国企 / 外企员工　　　　　　D. 私企老板

    E. 私企员工　　　　　　　　　F. 种田大户

    G. 普通农民

4. 您有几个兄弟姊妹？ （　　）

    A. 独生子女　　　　　　　　　B.1 个

    C.2 个　　　　　　　　　　　D.3 个及以上

三、关于创新创业的调查

1. 您听说过"创新创业"吗？ （　　）

    A. 听说过　　　　　　　　　　B. 没听说过

2. 您认为职校生应不应该创业？ （　　）

    A. 应该　　　　　　　　　　　B. 不应该

    C. 不知道

3. 您是否想过创业或正在尝试？ （　　）

    A. 从没想过　　　　　　　　　B. 偶尔想过

    C. 经常想，但是不知如何行动　D. 尝试过但已失败

    E. 正在创业

4. 如果您打算创业，准备何时开始？ （　　）

    A. 在校期间开始　　　　　　　B. 毕业后立即开始

    C. 毕业后先工作几年再开始　　D. 等工作几年后再决定

5. 您希望在什么领域创业？ （　　）

    A. 所学专业相关领域　　　　　B. 互联网领域

    C. 移动互联网领域　　　　　　D. 现代服务业领域

    E. 跨专业　　　　　　　　　　F. 能赚钱就行

6. 您的家人对您创业的态度是 （　　）

    A. 支持　　　　　　　　　　　B. 不支持

C. 随您自己

7. 您的家人能为您的创业提供资金支持吗？　　　　　　　（　　　）

A. 能够提供足额资金　　　　　　　B. 能够提供少量资金

C. 不能够提供资金

8. 您的家人能给您提供渠道资源支持吗？　　　　　　　　（　　　）

A. 能够提供　　　　　　　　　　　B. 不能够提供

9. 您的家人能够给您提供人脉资源支持吗？　　　　　　　（　　　）

A. 能够提供　　　　　　　　　　　B. 不能够提供

10. 您选择创业的最重要原因是　　　　　　　　　　　　　（　　　）

A. 实现个人价值　　　　　　　　　B. 赚钱多

C. 就业难　　　　　　　　　　　　D. 喜欢自由，不愿别人管

E. 振兴家族

11. 您愿意选择商业性创业还是公益性创业？　　　　　　　（　　　）

A. 商业性创业　　　　　　　　　　B. 公益性创业

C. 不确定

12. 您认为导致您还没跨出创业这一步的关键因素是　　　（　　　）

A. 不知如何选择创新创业项目　　　B. 没钱

C. 没有团队　　　　　　　　　　　D. 对市场不了解

13. 您期待从学校和老师处得到的帮扶是　　　　　　　　（　　　）

A. 创新创业知识指导　　　　　　　B. 创新创业政策指导

C. 创业资源介绍　　　　　　　　　D. 技术指导

E. 资金帮扶　　　　　　　　　　　F. 孵化器服务

（本问卷只作为教师上课的参考依据）

目录

项目一 认识"双创"

导读

在"双创"如火如荼地于全国各地广泛开展的环境下，职业院校的"双创"工作仍处于一种不温不火的状况。有人认为，职校生理论功底不深厚，很难投身"双创"；有人认为，职校生学制短，还没来得及投身"双创"，就要离开学校了。职业院校到底要不要开展"双创"教育？如何开展"双创"教育？本项目主要针对此问题进行解答，以引导职校生像其他群体一样，踊跃投身"双创"，为国家发展做贡献。

知识目标

- 了解创新、创业以及创新与创业的关系；
- 熟悉"双创"的关键概念；
- 了解职校生在"双创"中的角色；
- 熟知适合职校生的"双创"类型；
- 明了职校生"双创"应注意的关键问题。

能力目标

- 能够树立正确的"双创"观；
- 能够正确领悟和解读"双创"的概念；
- 能够摆正自己在"双创"中的位置；
- 能够正确选择创新创业类型；
- 能够正确处理学习和"双创"的关系。

案例导入

齐某，某职业院校幼师班大三学生。在实习期间，他发现绘本是幼儿园常用的教学工具，但是，绘本多为纸质的印刷品，只能用一次，而且极易造成儿童衣物污染。他联想到自己经常玩的游戏，产生了一种想法，即是否可以开发一种可多次使用，并可以在手机或电脑中展示的绘本呢？带着这种想法，他逐步开始了自己的逐梦之路。

第一步，搜集资料，了解虚拟现实、增强现实、AI技术；

第二步，研究幼儿园各年级使用的卡片；

第三步，寻找对本创意感兴趣的合作伙伴；

第四步，进行产品研发和制作，研发出"空小白"系列儿童AI绘画读本；

第五步，成立公司并销售产品，年销售产品15万套，销售金额达200万元。

同学们，他的这种创业行为你们可以做到吗？他的这种行为属于创新吗？属于创业吗？你们知道创新与创业的关系吗？

任务一 创新、创业、创新与创业的关系

一、什么是创新

创新是以新思维、新发明和新描述为特征的一种概念化过程。

《现代汉语词典》（第7版）中解释"创新"有两种含义：一种是抛开旧的，创造新的；一种是指创造性、新意。

拉丁语中，"创新"最初有三层含义：第一，更新；第二，创造新的东西；第三，改变。

创新作为现当代经济学的一个重要概念，具有十分丰富的内涵。

美籍奥地利经济学家约瑟夫·熊彼特在1912年出版的《经济发展理论》一书中首次使用了"创新"这个词。他认为，创新是指建立一种新的生产函数，即企业家把一种从来没有过的关于生产要素和生产条件的"新组合"引入生产体系，包括引进新产品、引用新技术、开辟新市场、控制原材料的新供应来源、实现企业的新组织等五种情况。熊彼特的创新理论影响了后来的经济、管理及工程等领域的创新研究和实践。

1985年，被誉为"现代管理之父"的彼得·德鲁克发展了创新理论。他提出，任何使现有资源的财富创造潜力发生改变的行为，都可以称为创新；创新不仅仅是创造，

而且并非一定是技术上的；一项创新的考验并不在于它的新奇性、科学内涵或小聪明，而在于推出市场后的成功程度，也就是能否为大众创造出新的价值。

学界一般从过程和结果两个方面说明创新的内涵。

从过程来说，创新是一种创造性活动，是选择、试错和决定的过程，同时也是变革旧事物、创造新事物的过程。

从结果来说，创新是创造出新颖的、从未有过的事物，这些事物既可以是物质产品，也可以是精神产品，还可以是人的新关系和新需求。

从过程的角度来研究创新，主要着眼于"创"字，整个过程都具有创造性；从结果的角度来研究创新，主要着眼于"新"字，所创造的成果必须是新颖的。

随着时间的推移和时代的进步，"创新"的含义和种类不断扩大。创新不仅广泛应用于经济学领域，而且越来越广泛渗透到理论、科技、知识、文化等各个方面。其中，既有涉及技术性变化的创新，如技术创新、产品创新、过程创新；也有涉及非技术性变化的创新，如制度创新、政策创新、组织创新、管理创新、市场创新、观念创新等。不论创新的种类和形式如何丰富多样，创新的本质是不言而喻的，那就是改变或创造。这种改变和创造都是好的，即是顺应时代发展要求的。

从一般意义上说，创新就是创新主体通过创新手段作用于创新客体而获得某方面绩效的一种创造性活动。

二、什么是"创业"

关于"创业"的定义，国内外学术界有许多不同的论述。

（1）我国著名学者罗天虎提出：创业是指社会上的个人或群体，为了改变现状，造福后人，依靠自己的力量创造财富的艰苦奋斗过程。创业具有开拓性、自主性、功利性三个特征。

（2）罗伯特·赫里斯和迈克尔·彼得斯提出：创业就是通过奉献必要的时间和努力，承担相应的经济、心理和社会风险，并得到最终的货币报酬、个人满足和自主性，创造出有价值的新东西的过程。简单地说，创业就是创造新东西的过程，并承担风险和得到回报。

（3）我国台湾著名学者刘常勇提出：创业是指创业者根据自己的想法及努力工作来创造一个新企业，包括新公司的成立、组织中新单位的成立，以及提供新产品或新服务，以实现创业者的理想。创业本身是一种无中生有的历程。

（4）复旦大学郁义鸿教授提出：创业是一个发现和捕获机会并由此创造新颖产品或服务并实现其潜在价值的过程。

从以上观点看出，人们对创业的理解各有不同，但概括起来有以下共同点：

其一，创业是一种开拓性的活动，需要勇气和胆略；

其二，创业是一种创造性的创新活动，可以无中生有；

其三，创业是有风险并要自己承担风险的活动，需要创业者有责任和担当；

其四，创业是一种创造价值并努力实现价值的过程；

其五，创业可以创造和提供社会就业岗位。

"创业"是"创"字当头，"业"为基础，"业"是"创"这一行为的结果，这就意味着任何一项事业都是一个由无到有、由小到大、由简到繁、由旧到新的创造过程。因此，创业是一种创新性活动，它的本质是独立开创并经营一种事业，使该事业得以稳健发展、快速成长的思维和行为活动。

"创业"有广义和狭义之分，广义上理解的"创业"，是指创业者创立事业的过程，不仅创办企业，在各行各业中创立事业的过程都可称"创业"；而狭义上理解的"创业"是专指人们在经济领域创办企业的过程。

在这里要明确的是，现阶段国家号召的"大众创新，万众创业"中所指的创业应该特指的是狭义创业，而这种创业是在创新驱动下的创业，是以创造新经济并带动就业为目的的创业。所以，这里所说的创业不仅是指一个经济活动或社会活动，而是指能够为社会提供更多的就业岗位、为自己带来经济收入并实现个人更大价值的一种行为过程。

其主要判断指标为：

·获取了工商部门颁发的营业执照；

·或者在企业内部合法占有相应的股份，这种股份的获取可以是资金投入，也可以是无形资产（包括专利、软件著作权、商标权、域名权等）投入；

·获取了民政部门颁发的民办非营利组织执照；

·即使是通过开设淘宝店、微店、视频直播等新的商业模式创业的创业者，也应该引导他们去申办营业执照。

对那些有一定的经济活动而没有申办企业的个体经济行为，应视为创业尝试，而不应作为创业进行统计。

三、创新与创业的关系

创新与创业有什么关系？

创新的落脚点是在"新"，创业的落脚点是"业"。二者有所不同，但又密不可分，犹如一对孪生姐妹。

创新是宽泛的，既包括理论创新，也包括实践创新；既包括科研创新，也包括创业创新。科研创新的成果有时是基础性的，不能马上落地使用；而创业创新的成果则必须注重实用性和落地性。国家出台一系列的《科技成果转化条例》也就是想从制度上引领科技人员注重实用性科技成果的开发，推动产业的发展。

而创业过程在本质上就是一种连续创新的过程。任何企业如果停止创新，就会迅速衰退或死亡。如著名的柯达公司、爱立信和摩托罗拉的衰亡史足以证明企业创新的必要性。

因此，可以说，创新是创业的基础，创业是创新的必然。有创新的企业就会永葆活力，否则企业只有死路一条。

创新创业偏重于创业。所以"双创"教育不应该仅仅停留在"创业意识"的唤醒上，而是要落实到创新创业的实践上来。

思考与练习

> 1. 谈谈你对创新的看法。
> 2. 谈谈你对创业的看法。
> 3. 试举例说明创新与创业的关系。

任务二　"双创"的关键概念

在创新创业教育中，有以下几个概念必须搞清楚。

这几个概念是：创新精神、创业精神、创新意识、创业意识、创新思维、创业思维、创新能力、创业能力、创新人才、创业人才。

一、创新精神

创新是指以在现有的思维模式基础上，提出有别于常规和常人思路的见解为导向，利用现有的知识和物质，在特定的环境中，本着理想化需要为满足社会需求，而改进或创造新的事物（包括产品、方法、元素、路径、环境），并能获得有一定有益效果的行为。

创新精神是指要具有能够综合运用已有的知识、信息、技能和方法，提出新方法、新观点的思维能力和进行发明创造、改革、革新的意志、信心、勇气和智慧。

创新精神是一个国家和民族发展的不竭动力，也是一个现代人应具备的素质。

二、创业精神

创业精神是指在创业者的主观世界中，那些具有开创性的思想、观念、个性、意志、作风和品质等，也特指个人和团队关于创办一个独立经济体的意识、思维活动和一般心理状态。

创业精神具有高度的综合性、三维整体性、超越历史的先进性，也具有鲜明的时代特征。

激情、积极性、适应性、领导力和雄心壮志是创业精神的五大要素。

三、创新意识

创新意识是指人们根据社会生活发展需要，引起创造前所未有的事物或观念的动机，并在创造活动中表现出的意向、愿望和设想。它是人类意识活动中的一种积极的、富有成果性的表现形式，是人们进行创造活动的出发点和内在动力，是创造性思维和创造力的前提；也可以理解为个人和团队想出新方法、建立新理论、做出新成绩或新东西的反映，是感觉、思维等各种心理过程的总和。

青年学生是最少保守思想、最容易接受新生事物、最富创新精神的一个群体，祖国未来的发展靠青年学生，发展的希望在创新，创新的希望在青年学生中，要建设创新型国家，必须从培养青年学生的创新意识着手。

四、创业意识

创业意识是指人们从事创业活动的强大内驱动力，是创业活动中起动力作用的个性因素，是个人或团队创办独立经济体的感觉、思维等各种心理过程的总和。也就是说，具有创业意识的人，在任何时候都会想着某个场景、某个条件、某个环境是否与创业有关。

五、创新思维

创新思维是指以新颖独创的方法解决问题的思维过程，这种思维能突破常规思维的界限，以超常规甚至反常规的方法、视角去思考问题，提出与众不同的解决方案，从而产生新颖、督导、有社会意义的思维成果。也可以定义为个人或团队为想出新方法、建立新理论、做出新成绩或新东西而进行分析、综合、判断、推理等认识活动的过程。

六、创业思维

创业思维就是指个人或团队利用不确定的环境来创造出商机的思考方式。创业思维的核心就是不断地发现市场，然后制定你的愿景和使命。也就是说，个人或者团体为创办独立经济体，所进行的市场调研、市场分析、信息综合和判断、推理等认识活动的过程，包括你想成为什么、你要解决什么问题、你应该选用什么样的商业模式等等。

七、创新能力

创新能力是指个人或团队运用知识和技术进行各种实践活动，从而不断提供具有经济价值、社会价值、生态价值的新思想、新理论、新方法和新发明的能力，或主观条件。

八、创业能力

创业能力是指个人和团队拥有发现或创造一个新的领域，致力于理解创造新事物（新产品、新生产过程或原材料，并组织成现有技术的新方法）的能力，是个人或团体创办独立经济体的主观条件。

创业能力包括硬件能力和软件能力。硬件能力包括人力、财力和物力；软件能力就是创业者的个人能力，包括专业技能和创业素质。创业素质包括创业激情、价值观、发现能力和创新能力，上述每一个方面都是可以再细分的。

九、创新人才

创新人才就是具有创新意识、创新精神、创新思维、创新知识、创新能力并具有良好人格的人才。创新人才能够通过自己的创造性劳动取得创新成果，在某一领域、某一行业、某一工作上为社会发展和人类进步做出创新性贡献。从这个意义上说，仅有创新意识和创新能力还不能算是创新人才，创新人才首先是全面发展的人才。

个性的自由独立发展是创新人才成长与发展的前提，模式化的人和习惯于被各种条条框框限制的人不可能成为创新性人才。

当代社会的创新人才，必须是立足当下而又面向未来的创新人才。

十、创业人才

创业人才是指具有创业精神和创业能力、习惯于创业思维、具有创办独立经济体的特长的一类人。创业人才是一种综合型人才，既要有纵向的专业知识，又要有横向的跨学科知识和人文经管知识，尤其是要有胆有识，能够识别和利用商业社会不断涌现的商机，为社会创造价值、提供就业岗位，并为自身发展创造价值。

总之，创新创业教育是为培养具有创新创业人才而开展的教育，而这种创新创业人才是同时具有创新精神和创业精神、创新思维和创业思维、创新意识和创业意识、创新能力和创业能力的人才。

在开展创新创业教育的同时，还应该注重基于创新创业而开展的创新创业实践活动。只有这样，才能达到培养具有创新创业人才、培育创新创业实践成果的目的。

任务三 选择适合职校生的创新创业类型

创新创业必须充分利用自己的优势来进行，而职校生相对于学科类学生的优势之一就是实践技能和动手能力更强。

国家从长远发展大计出发，特别重视发展职业教育，重视对职校生工匠精神的培养。正因为如此，职业院校的专业和课程设置更符合社会实际需求，职校生在工匠精神和动手能力方面的优势也成为其参与社会竞争的最大优势。所以，职校生投身创新创业，只要发挥了自己的优势，就可以在现实世界中大展身手。

这里从以下几方面简略介绍适合职校生的创新创业类型：①技术创新型创业；②小微型创新创业；③公益型创新创业；④跨界创新创业；⑤互联网＋创新创业；⑥商业运营型创业。

一、技术创新型创业

职校生首先想到的应该是技术创新型创业，这里主要说明职校生应该凭借自己掌握的技术优势来满足消费者的需求。这也要求学生必须学好自己的专业。

所谓的技术创新型创业就是指这一类创新创业主要体现在技术的革新上，是利用技术上的小发明、微创新来进行创新创业。

比如，幼儿教育专业，如何利用现代技术和理念，改进幼儿园的教学设计和活动方式呢？航空制造和维修技术专业有没有发现维修时的不便利？空乘服务时，除了人文关怀，有没有更好的技术可以为乘客服务呢？大型的航空设备、成熟的运输管理技术以及自动化的生产线，好像都与我们职校生的创新创业毫无关联。但正是这种思维遮蔽了我们的双眼，让我们在众多的机会面前毫无头绪，俗话说，"捧着金饭碗讨饭吃"。职业院校的学生应该利用自己所学的知识和技术，在跟岗实习、顶岗实习中，发现工作中的痛点和难点，利用技术进行创新创业。有兴趣的同学，可以根据自己所学，选取一个点，去观察和发现问题并不断钻研，实现自己的技术创新创业梦想。

案 例

会说话的识字卡片

识字卡片是幼儿时期大家都用过的，也是当前幼儿园最普通的教学活动之一。但是在"元宇宙"时代，能不能在传统识字卡片的基础上植入现代元素呢？齐圣同学想到了一个结合点，就是把 AR 技术与识字卡结合。他做了什么呢？

第一，搜集了许多识字卡片，把它们进行了比较和分类；

第二，把动物、植物、交通工具、人物卡片等作为第一批开发对象；

第三，组织团队对这些卡片进行新的形象设计；

第四，为每一张卡片准备中文、英文解说词并配音；

第五，寻找 AR 合作团队，制作 AR 识字卡片及平台；

第六，寻找销售渠道，并做市场调研。

第七，制作成品，并进行销售；

第八，运营维护平台，分析用户数据。

一年下来，他们获得巨大的成功，共卖出识字卡片 20 余万套，每套定价 68 元，销售码洋达到 1360 余万元，获利数十万元。创业活动初步成功。

诸如此类的需求和发明点还有很多很多。其实，社会生产和生活中存在很多的问题，需要更新的技术很多；另外，新技术也层出不穷，不断迭代更新的。

二、小微型创新创业

小微型创新创业曾经的定义是以家庭为单位的一种创新创业活动，人员以家庭富余劳动力为主。笔者认为，小微型创新创业是以启动资金少（一般在 10 万元之内）、企业规模小（一般在 15 人以内）、产品或服务内容单一为特征的一类创新创业活动，其突出特征是灵活性和低成本，包括低组织成本、低人力资本和低管理成本。

小微型创新创业应该是大多数学生创业的首选，尤其是职校生的创新创业，更应该着眼于这一类创新创业。

职校生一无经验，二无资金。为什么要拿自己的短板去创业？我们应避开自己所短，在选择创新创业类型上，先选择投资小、资金需求小的项目"练兵"，启动后逐渐积累经验、逐渐积累资金，然后再适时将产品或服务提升，办成更大的企业，这样可以化解由于资金问题而带来的创新创业难题，同时也可以避免投资风险。例如，比尔·盖茨的创新创业实际上也是从小微型创新创业做起的。

⊕ 案 例

多功能扳手

在工厂、车间等场所，扳手是最常用的工具之一。几乎每个单位和家庭，都要经常使用到扳手。扳手的种类繁多，品质有好有坏。而在航空、汽车等大型设备维修方面，对扳手的质量要求极高。

小王在跟岗实习中发现，扳手的生产，需要考虑标准件的规格尺寸，需要考虑材料，还需要考虑一些特种需求下的使用。那是否还可以考虑电气化、智能化的扳手呢？他产生了这样的想法。带着这个问题，他翻阅了很多书籍，也走访了五金商店，但并没有看到太多的介绍。后来他去请教了一位带教老师，这是一位资深的工程师，老师一听小王的介绍，就觉得特别好，并鼓励他进一步思考，是否可以先设计一款自动化的多功能扳手。

在老师的鼓励下，他对车间常用的扳手型号进行了分析，并邀请电气自动化专业的同学一起，设计了一款可以适应多种规格和场景使用的自动化扳手。经过老师的修改，做出了样品，试用后效果很好。于是他们申请了专利，并将专利与别人合作，投资生产新型扳手，创业成功。

同学们，通过这个案例，你觉得你的专业能力能为你的创新创业服务吗？

三、公益型创新创业

公益型创新创业是近年来国内外兴起的一种新兴创业模式。与传统商业性创新创业类型相比，公益型创新创业更强调创新创业理念的公益性。它不以追求经济效益为目的，而是着眼于帮助政府和社会解决一部分亟待解决的问题。正因为它的公益性，使得公益型创新创业更容易获得全社会的支持，并且在一定程度上不直接面向传统市场的恶性竞争。有人认为，国外在公益创业方面已经有丰富的经验积累，从统计数据看，公益创业的成功率远高于传统商业企业的创业。

在职校生群体中大力提倡公益创新创业的理念，有助于树立学生的公益形象，助力形成社会性公益创新创业的良好氛围，可以激励职校生用创新的理念来承担社会责任，在成功创新创业的过程中兼顾社会效益和自身价值的实现，对改变现实社会中"拜金主义"现象有积极的意义。

目前，国内有不少组织和学生已经开始了公益型创新创业的尝试，比如，面向残疾人的公益型创新创业，面向绿色环保的公益型创新创业，从事低碳排放的公益型创新创业，面向青少年青春期健康教育的公益型创新创业等。

公益型创新创业充满爱心、富有创意、符合社会主流价值观，容易引起职校生的共鸣。尤其在互联网时代，赋予了它更大的活力，值得广大职校生的关注。

关于公益型创新创业，目前法律没有专门的定义，民政部将公益型创新创业等性质的单位统称为"民办非企业单位"。公益型创新创业门槛也已经降低，为大学生们选择公益型创新创业创造了条件。

案例

红心绘

美丽乡村建设是国家高度关注的事情。有一群来自职业院校的学生，响应国家号召，利用自己的专业优势，来到老区，深入基层，在了解红色革命历史和乡村需求的使命下，用自己手中的画笔，把经典的革命故事用生动的画面展现在墙上，让村民在生活中缅怀英烈、重温革命精神；让儿童永远记住英雄故事，在幼小的心灵中，播下红色的种子。

这些年轻人，怀着一颗公益的心，牺牲自己的寒暑假，自己采购油墨，用自己的画笔，画出了12000多平方米的革命宣传墙绘，为美丽乡村建设奉献出一片赤子之心。

职校生们，你们能够结合自己的专业，想想能做什么工作、做些什么有意义的事吗？

四、跨界创新创业

"跨界"一词大致的意思就是从一个专业、一个行业，跨越到另一个专业或行业。在现代社会，跨界是一个非常普遍的现象，比如电影演员跨界到电视演员、音乐演员，即所谓的影视歌三栖明星；或者从艺术设计跨界到工业设计，使冰冷的工业产品从此变得"鲜活"。

职校生的创新创业也必须跨界，必须在自己专业优势的基础上，结合其他学科的成果尤其是最新的科技成果，进行跨界创新。比如，上面所说的幼儿教育与 AR 的跨界融合而形成了新的智能识字卡片，这就是一种跨界创新；又比如扳手加自动化技术，这也是一种跨界的融合，等等。

职校生要创新创业，跨界很容易成功。所以在紧张的学习之余，职校生们还要广泛涉猎其他学科知识，为跨界创新创业做好准备。同时，也必须广泛接触各类人才，为组建跨专业的创新创业队伍筹备力量。

⊕ **案 例**

特种航空货物分拣管理系统

航空货物运输是一个非常庞大的系统，它涵盖收货、分类、分片、派送等众多环节。有的细小环节原来靠人工记录，效率低下。

聪明的小黄想到了利用现代移动互联网、大数据、高清摄像、无人机等多种技术，研发一款"特种航空货物分拣管理系统"，大大减少了人员的工作压力，明显地提高了数据采集分析的效率。在数据的可靠性、时效性、精准性上都较人工有了很大的提升，获得了航空货物运输管理部门的欢迎。

五、互联网 + 创新创业

互联网尤其是移动互联网的迅猛发展给各行各业带来了强烈的冲击，也产生了很多的机会。有人说，互联网将颠覆所有的传统行业，这是一个大的机会；也有的人视互联网为洪水猛兽。其实，互联网就是一种新技术、新手段，它大大扩展了我们的能力，改变了我们的思维，颠覆了许多工作和生活方式。移动互联网不断冲击传统行业的边界，跨界融合，正创造出全新的经济和生活世界。可以说互联网 + 创新创业是一种特殊形式的跨界创新创业。

拓展阅读

滴滴打车，冲击了传统的出租车行业，改变了人们的出行习惯；

支付宝和微信支付，冲击了传统的银行业，改变了人们的支付习惯；

饿了么等外卖网站，冲击了传统的饮食业，改变了人们的用餐习惯；

慕课和微课等新型教育方式，冲击了传统的教育业，改变了人们的学习习惯。

不同的行业、不同的方式、不同的速度，相同的却是双向的渗透和改变。传统行业与互联网行业的企业家来到界线两边，焦急而谨慎地伸出脚去试探，跨界势不可挡。有的人反复追问"什么是互联网＋？""什么是＋互联网？"李克强总理是这样回答的，"互联网＋"和"＋互联网"从一定意义上讲是相通的，核心都是运用各种方式把众创、众包、众扶、众筹等带动起来，推动企业生产模式和组织方式变革，增强企业创新能力和创造活力。可以说，互联网＋创新创业本质上就是跨界融合的一个典型案例。

当前，工业互联网的发展还处于起步阶段，越来越多的工业企业在信息技术推进中都加快了智能化的步伐。职校生们也应该充分把握这一机会，发挥自己的职业优势，借助"互联网＋"进行创新创业，这样才能够在祖国建设和发展中占有一席之地。

案例

"啄木鸟"：农林产业的卫士

农林产业的一大问题就是病虫害。蔬菜病虫害、水果病虫害、森林病虫害……每年都造成极大的损失。如被称为松树癌症的松材线虫病、柑橘不治之症的黄龙病等。"啄木鸟"就是一个融合现代高清摄影摄像技术、无人机技术、大数据、算法、人工智能技术为一体的农林病虫害早期发现、监测、预警、治理系统。包括数据立体采集系统、数据分析系统、预警和治理系统三大核心系统。经试用，效果良好。

点评：该项目在老师们提供的大量农林病虫害基础知识的基础上，同学们融入了大量的先进技术，使监测的手段更多、更便利、更精准。结合治理手段，可以为客户提供更全面的服务。

六、商业运营型创新创业

商业运营型创新创业是指以商业规划、经营管理、利益追求为核心，以商业开发项目为主体的创新创业方式。如乡村旅游运营中心、网红打卡带货这些新型业态也是职校生的可选项目之一。

案例

乡村旅游代运营中心

小谭是一个"不安分"的人，在校期间就尝试过外卖、快递等多项工作。大三开始，他进入了当地一家颇有名气的代运营公司，专门为乡村旅游景点代运营。他在这个公司工作期间，代理运营过公司产品在校园的推广活动，组织参加过公司于周末开展的各种校园行活动。这些活动不仅为他积累了一部分资金，更为他积累了经验。刚刚毕业的他，选择了自己创立代运营公司，凭借着赚来的 6 万元钱，注册了一家公司，做起了乡村漂流景点的代运营项目，并在景点承包了烧烤、帐篷等业务，他迈出了创业的扎实一步。

"今后，我还会有新的探索，目前我正在完善公司制度，多招一些人。"小谭说，"最苦的阶段、最苦的日子已经过去了，目前做的任何事情都不会给我构成心理压力，我心里有的是无穷的动力。"

任务四 职校生创新创业应注意的关键问题

职校生们创新创业受到老师、家长和朋友们的关注，这给创新创业者带来巨大的压力。这些压力的产生源于别人对创新创业的不理解。因此，想投身创新创业的职校生应该克服以下几个关键问题。

一、职校生应正确看待创新创业的失败和成功

欲投身创新创业的职校生首先要弄清楚创新创业什么叫成功，什么叫失败。

（一）正确对待创新创业"失败"——项目失败不等于创新创业失败

这里要明确的一点是，所谓的创新创业失败，实际上最多是创新创业项目暂时没有成功，而这种暂时的没成功，不等于项目失败或创新创业失败。爱迪生发明电灯，试验了无数次材料，用他的话来说："我哪里是失败了几千次，我只是找出了几千种不能成功的方法罢了！"

创业活动包括资金的利用、团队的合作、资源的整合、政策的解读、场地的建设、项目的选择等多方面，项目失败有可能是项目在市场检测过程中出现一些不符合消费者要求的问题，也有可能只是暂时遇到困难。

对于项目的失败，我们要具体分析原因，并有针对性地调整或者舍弃，但整个创业过程我们能够收获很多经验，提升自己的能力，磨炼团队的默契。所以说，项目失败并不等于整个创业活动的失败，换一个方向或许就能成功。

所以，面对项目的暂时失利，我们必须振作精神，继续努力！

（二）正确理解创新创业"成功"——融资成功不等于创新创业成功

不少人把融资成功等同于创新创业成功，这在互联网领域的创新创业较为明显。这里要提醒同学们的是，融资成功可以算阶段性的成功，但并不等于创新创业成功，许多人倒在了融资之后。应该强调的是，融资成功只代表了一部分的成功，还需要看产品的市场可持续性和团队管理等因素的发展，资金只是企业发展的一个方面，任何其他方面出现问题也可能导致企业的失败。

所以，对一个初创企业来说，创新创业的成功不在于是否能拿到融资，而在于是否能存活，生存是第一位的。

二、职校生要了解创新创业能给自己带来哪些收获

创新创业，尤其是结合专业开展的针对相关行业的创新创业或跨界的创新创业，给大家带来的绝对不只是在经济上的收获。实际上，在创新创业初期，创新创业者付出的要比上班族多得多；在创新创业过程中，创新创业者经历的磨难也比上班族多得多。而在收入方面，创新创业者并不一定比上班族高。这种付出和收入的不一致性，有时让人很不理解，会质疑自己"这是为了什么？"

其实，如果一个人创新创业只是为钱，那是有问题的，有时是会让他"走偏"的。尤其是职校生，本身就有崇高的品德，有大爱之心，所以我们的境界要更高，要为了实现自己的抱负来创新创业。当然，创新创业最终还是会获得更高的回报，但那是在付出自己辛勤的劳动之后，满足了人们的需求之后，我们应得的合理报酬。

因此，创新创业者最大的收获应该是心智的收获，这种收获是在课堂上永远都学不到的！

三、职校生要注意创新创业的风险防范

创新创业就必然会存在风险，不要过于担心害怕。常见的风险主要是资金风险、时间风险、道德风险和法律风险。对这些风险，我们应早做防范。

（一）资金风险防范

资金风险是创新创业者面临的重大风险之一。作为职校生创新创业者，首先，在选择创新创业项目时，就必须考虑到这一点，尽量选投资不多的项目，即小微创新创业；其次，我们尽量用无形资产创新创业（后文有专门描述），用无形资产去与其他人合作创业。这样做的好处是避免了资金风险。

学生们承受不起这样的风险，即使有家长的帮助，那也是家长的血汗钱，必须精打细算；即使是投资人的钱，那也是要付出代价的，有时甚至是股权乃至话语权的代价。因此，必须节省开支，合理用好每一分钱。

（二）时间风险防范

学生的主要任务是学习。所以，我们的创新创业要尽量与自己的专业学习相关联，合理安排学习和创新创业的时间。这样，在运用知识的同时，一方面学到了知识，另一方面也做了创新创业尝试。即使项目暂时没有成功，也不会"学习和创新创业两头空"。

此外，产品的周期也是创业者需要考虑的问题。产品周期长，可替代性大，就容易被其他企业抢占先机，削弱在市场中的地位。因此，职业院校的学生创业者，要考虑

自己的产品或服务进入市场的时间问题，尽量抢占先机。

（三）道德风险防范

对创业的职校生来说，特别要遵守公民道德和职业道德。因为，学生有自己的特殊专业背景和朋友圈，有自己区别于其他专业的技术能力，如果不顾这些，就会触碰道德的底线，造成不好的影响。比如绿色食品不"绿色"，全靠药物催熟，就是不道德。

2021年7月，中共中央办公厅、国务院办公厅印发了《关于进一步减轻义务教育阶段学生作业负担和校外培训负担的意见》，并发出通知，要求各地区各部门结合实际认真贯彻落实。在这种大背景下，校外培训机构受到严厉打击。行业龙头新东方、作业帮、好未来等股价大跌。面对这种情况，作为教培行业的从业者，出现了两种截然不同的应对方式。

1. 以新东方创始人俞敏洪为代表，他们识大体、顾大局，全面停止线下培训业务，全部退回学费，捐赠大量课桌椅以及优质网课，对辞退的员工全额发放补贴，带领新东方大面积转型，开启新的创业征程。这维护了公民道德、职业道德，也彰显了俞敏洪的个人优秀品德。

2. 也有一些公司及个人，看着这个尚未完全消失的市场，贪图蝇头小利，从公开的培训转入地下，从大班课转为"一对一"，满足了一部分经济富裕且望子成龙的家长的需求，却违反了相关规定，实际上也不符合公民道德。

职校生创新创业者在选择创业项目时，一定要注意这种道德风险的防范；否则，会导致创业的失败。

（四）法律风险防范

职校生创新创业的法律风险主要是指：

（1）不能逾越侵害他人知识产权的法律底线；

（2）不能逾越制假造假的法律底线；

（3）不能逾越虚假宣传的法律底线；

（4）不能逾越偷税漏税的法律底线。

因此，职校生创新创业必须了解相关法律法规。特别是涉及各种产品准入的法律法规，在守法的前提下创新创业，才能细水长流，源源不断，最终取得成功。

四、职校生创新创业的必备心态

有人设计了一个成才公式，基本内容如下：

$$人才 = （知识 + 技能 + 心态） \times 天赋$$
$$= （15\%+35\%+50\%） \times （0.1\sim1.2）$$

注：①这里的知识包括学习时间、知识实用度、知识时效性、知识掌握度；

②这里的技能包括实际工作时间、经验累积、技能熟练度；

③这里的心态包括领导关系、被期望值、表扬和鼓励、正面思维、团队匹配；

④这里的天赋包括性格特征的优势部分与明星标杆的吻合程度，为 0.1 ~ 1.2 倍。

要注意的是，在这个人才公式中，心态是公式中的重要指标。这也揭示着：创新创业者要具备良好的心态，包括刻苦、坚韧、激情、干劲、团结合作、宽容、上进，而作为职校生创新创业者，除应具备普通创新创业者应该具备的心态之外，更应该拥有属于自己、属于这个行业的特殊良好心态。

（一）强烈的责任感

职业院校是我国重点发展的一种教育类型，是国家建设不可或缺的重要力量。因此，职校生一定要有强烈的责任感，要有报效国家、报效人民的赤子之心。

（二）高尚的公益心

创新创业者要有高尚的公益心，要把自己打造成一个企业家，而不是一心只为赚钱的人。这种心态要扎根于我们的心中，要融进我们的价值观，这样我们在创新创业路上就不会被利益蒙蔽双眼，就能够保证自己坚持行进在正确的道路上。

（三）希望提升人民水平的远大抱负

职校生创新创业者的目的与自己选择到职业院校学习的目的一样，都是为人民生活得更美好做出贡献，这一目的不会因为选择了创新创业而改变。人们对高品质生活质量的追求是永恒的、无止境的，是随着同时代的社会及科学发展而改变。因此，职校生创新创业者应该始终着眼于为人类的服务，解决社会发展领域中存在的各种问题，实现自己的远大抱负。

（四）在社会成就的表象中寻找机会的专业能力和韧劲

改革开放四十多年来，我国社会发展水平得到了迅猛提升，但仍存在很多问题。有时候有些问题外行是无法发现的，需要我们职校生们利用自己的专业能力、用自己的专业慧眼去发现。比如，在飞行驾驶领域，航空职业院校飞行器专业学生就是行家；又比如，对航空维修专业的学生而言，对飞行器的构造和常见故障是较为熟悉的；对幼儿教育专业的学生而言，在"双减"的背景下，幼儿教育在哪些方面出现了更多的商机……这些问题不仅需要我们不断提升自己的专业能力，也需要我们花费较长时间去调研和琢磨,需要韧劲。这些是创新创业者需要培养的。

五、职校生如何处理专业学习与创新创业的关系

职校生在校时间不长,但课程不少,尤其是还有大量的实习实训课时,因此,有不少老师、学生或者家长担心创新创业影响学生的学习,因此不太赞成职校生过多参与创新创业。

其实,职校生的专业学习与创新创业并不矛盾,专业学习为创新创业打下基础,而创新创业过程也能提升学生的学习能力、知识应用能力。

职业院校强调的是应用型技术的学习,强调的是工匠精神和动手能力,而这也正是创新创业中最需要的技能。

职校生在进行创新创业的项目选择时,如果能够发挥自己的专业优势和技能优势,创造一些简便易行的实用性产品,尤其是利用人工智能等新技术对传统产品进行升级改造,则不仅能发挥自己的专业学习优势,也可以在创新创业中检验自己的学习成果。专业知识和技能的学习为职校生创新创业提供了理论和技术支持,让职校生有能力在专业领域发现更多的商机;同时,在创新创业过程中遇到的技术性问题又能促使职校生积极主动地深入探索更多专业领域的知识,做到"学以致用,活学活用",将知识有效地转化成实用性的成果。所以,对于职校生来说,专业学习能激发创新创业动能,创新创业活动促进专业学习。

我们提倡职校生在自己的专业领域和能力范围内发挥专业优势,进行创新创业。同时,职校生还要记住自己的身份——学生,所以还是要以学习为主,要在保证不影响学习的情况下进行创新创业,切不可因为创新创业而影响学业。

课后练习

1. 请根据自己的专业,谈谈你觉得专业领域存在的不便利需要改进的地方,并试着提出相关的设想。

2. 有人认为,创新创业会影响职校生的专业学习,因而不支持职校生创业;也有人认为,职校生在校期间要多参加社会实践,通过创新创业历练自己,这样才能更好地走向社会。对此,你怎么看呢?

3. 关于职校生专业学习与创新创业之间的关系,你有何看法?请同学们分组讨论,也可以通过辩论会的形式进行探讨。

4. 职校生应该如何掌控创新创业过程中可能存在的道德规范和法律规范问题?

项目二 激发职校生创新创业激情

导读

　　进行创新创业，首先就要在思维上打破局限，这样才能打破常规，看到别人看不到的机遇。在本项目中，我们主要介绍突破思维禁锢的重要性和必要性，希望对想要创新创业的职校生有所启发。

知识目标

- 让职校生打破传统思维的禁锢，了解敢想、善想等在创新创业过程中的重要性；
- 了解职校生人才培养思维方式的方法和手段，提升自己的能力；
- 让职校生在生活和学习中，运用新思维和新方法解决遇到的问题。

能力目标

- 培养职校生敢想和善想的能力；
- 让职校生结合自己的生活和学习，进行联想，尝试进行初步的思维创新。

案例导入

火星旅行

全球首位太空旅客、美国富豪丹尼斯·蒂托宣布，打算5年内启动载人火星之旅，出资10亿美元，资助一对男女志愿者往返地球和火星之间赴火星旅行。

蒂托于2001年乘坐俄罗斯"联盟"号飞船前往国际空间站并停留8天，成为全球第一位飞入太空的非宇航或航天人员。"人类对太空的探索是未来经济增长和繁荣的催化剂。"蒂托说，火星之旅能够"为下一代太空探索带来知识、经验和动力"。

丹尼斯·蒂托

潜在志愿者麦克勒姆称火星之旅"会是一次非常简朴的旅行"。飞船内生活空间有17立方米，宇航员饮用水则由尿液循环而成。飞船发射后，将于228天后到达火星上空，距火星最近处不到160千米，随后返航，273天后抵达地球大气层。一旦飞船起飞，项目就无法中止。

这一项目正招募一男一女两名志愿者，可能是一对夫妻，而麦克勒姆及其妻子简·波因特是潜在候选人。他们先前参与"生物圈2号"实验，进入一个模拟地球环境的实验室生活两年，以确定人类离开地球能否生存。

点评： 火星旅游是一项非常大胆的设想，同学们，你们能够想象出这样的项目来吗？

任务一　敢想——启发学生创新创业思维

要做到敢想，首先在思维上要敢于"打破"常规，敢于"挑战"权威，敢于"突破"自我，敢于"消化"媒体，最关键的是敢于"无中生有"。

一、敢于"打破"常规

大数据时代、互联网时代以及新的技术给人们带来的是生活、工作及思维模式的变革。这个时代一切都有可能。因此，我们以往所习惯的模式未必是最适合现代使用的。

互动

用粪便提炼的水，你敢喝吗

世界前首富比尔·盖茨在介绍美国西雅图一家公司研制出的一款污水处理装置时，真的喝了一杯从人类粪便中提取出的可以直接饮用的纯净水，还称赞"味道不错"！

换作是你，你敢喝吗？

随着时代的发展，人工智能、大数据将引起各个行业生产方式和生活方式的巨大变革，在航空器的制造、维护、维修等领域也将颠覆传统工业制造方法，甚至无人机和机器人战士也将导致战争模式发生改变……我们所处的时代，正在发生无数的变革。这种变革与以往我们熟悉的形态和模式都不一样。所以，要想创业实现人生价值，首先就要敢于打破常规。

二、敢于"挑战"权威

互联网时代让资讯非常发达，专家权威的作用较以往大幅降低。社会分工越来越细，但融合度也越来越高，而且新的技术层出不穷，技术更新速度非常快。因此，过去的专家未必能够很好地适应这些新的业态。专家们过去的经验也未必适合新的发展趋势，因此在尊重专家的同时，不必迷信权威。

案例

挑战权威的 22 岁年轻教授

中南大学校长张尧学宣布，破格聘任攻克国际数学难题的在校学生刘路为中南大学正教授级研究员。至此，22 岁的刘路成为我国目前最年轻的正教授级研究员。

英国数理逻辑学家西塔潘于 20 世纪 90 年代提出了"反推数学中的拉姆齐二染色定理的证明论强度"的猜想，引起海内外不少学者都进行反推，但 10 多年来，世界上许多著名研究者一直努力都没有解决问题。酷爱数理逻辑的刘路在自学数学时突然想到用以前用过的一个方法稍作修改便可以证明这一猜想。他连夜将这一证明写出来，投给数理逻辑国际权威杂志《符号逻辑》。他的这一研究成果得到海内外科学家的认可，也使他成为我国最年轻的正教授级研究员。

三、敢于"突破"自我

许多人都有一个这样的习惯，让他们去做一件事，第一反应就是"我不行"。"我不行""我没做过"是这些人的口头禅。要想创新创业，就要改变这种思维习惯。要相信这是一个大有作为的时代，什么东西都值得自己去尝试。职校学生千万不要自我设限，要多尝试，多鼓励自己，相信"我能行"。应该学会以下思维：

（1）不要老是说"我不行"；要习惯说："行，我试试！"

（2）不要老是说"我做不了"；要习惯用"没什么大不了，怕什么""我能行！""不行就学呗！"的思维去面对新的挑战。

案 例

发明莲子饮料的食品安全专业学生

职业院校食品安全专业毕业的一位同学，在某研究院看见几名博士正在开发一种饮料。他想，这么大的单位、这么牛的博士都在开发这么初级的产品，看来这里面有市场。于是，他也想去搞饮料研发。

他的家乡盛产白莲，他想，是不是可以把白莲制成饮料呢？他从文献上得知白莲对人体健康有好处，但他对饮料的研究一窍不通。于是，他买了一本《豆奶的生产工艺与配方》，依葫芦画瓢就在家里开始了他的研究。由于大豆与白莲的成分完全不同，用豆奶的生产工艺和配方无法把白莲生产出莲子奶来。研发的初期是艰难的，经历了无数的失败。就是在这种失败中，他逐渐探索出了白莲奶的生产工艺和配方，申请了两个白莲饮料的发明专利，并以自己的专利技术与人合作创办了饮料厂，从而创业成功。

点评：敢于想、敢于尝试、遇见问题多学习，就可以做出许多常人做不出来的事。

四、敢于"消化"媒体

所谓"消化"媒体，就是对媒体的报道要敢于质疑，不要偏信，要努力提升自己的媒介素养，善于吸收利用。也就是说，对媒体所说的东西，要用自己的大脑去分析，要结合自己所掌握的科学知识和从其他途径得来的信息进行综合判断，这样才会从这些报道中发现机会。

五、敢于"无中生有"

创业者实际上都是善于"无中生有"者！在没有想法的时候，产生想法；有了想法后，逐渐把它变成创业项目；最后依托这个想法创办一家公司。

案例

售卖月球土地获利千万美元

2016 年 12 月 4 日，据英国《每日邮报》报道，美国 66 岁男子丹尼斯·霍普利用联合国《外层空间条约》的漏洞，宣称对月球有拥有权，出售月球土地竟赚了 1100 万美元。

1980 年，丹尼斯·霍普发现，1967 年的《外层空间条约》虽然规定"任何国家不得通过提出主权要求使用、占领或以其他任何方式把外太空据为己有"，但并没有提及任何"个体"行为。他于是利用这条法律漏洞做起了外太空的生意。他成立月球大使馆公司，开始在酒吧和网上出售月球土地。

丹尼斯·霍普面前摆着月球土地证

丹尼斯将月球上的土地分隔成小块，每英亩（1英亩 = 4046.86 平方米）售价 20 美元，若要矿产权则售价 25 美元，迄今他已赚 1100 万美元。客户购买土地后，丹尼斯会给其所有权证书，但客户需要承担证书的印刷费和邮递运费。丹尼斯透露，他现在每天平均出售 225 英亩土地，最大一笔交易是一名客户一次购买 260 万英亩地。

迄今为止，全球已有 600 多万人向丹尼斯购买月球土地，其中不乏政界名人和好莱坞明星，如美国前总统里根、卡特、小布什和影星汤姆·汉克斯、汤姆·克鲁斯、妮可·基德曼等。

丹尼斯还在英国、澳大利亚、爱尔兰、匈牙利、加拿大、德国、俄罗斯等国家开设了所谓的"月球使馆"，"授权"各国的销售代理销售月球土地。按照美国法律，允许美国公民提交申请占有任何一片土地，只要这片土地之前没有人申请占有就行。因此，加州政府给丹尼斯颁发了"月球土地所有权证书"。

点评：你觉得这种想法好玩吗？你想得出这样的奇思妙想吗？你能够这样"无中生有"吗？

任务二 能想——培养学生创新创业思维能力

年轻人有敢想的基因，但敢想不等于胡思乱想，尤其是对一个具有工匠精神的学生创新创业者而言，不仅要敢想，更要能想，要结合自己的专业、结合自己的优势、结合自己的能力去想，当然有时也可以跨界去想。

要做到"能想"就要培养自己的想象能力。

首先，要培养自己的观察能力，通过观察去发现问题。

其次，要培养自己的联想能力，要善于把表面上不相干的事物串联起来，以帮助问题的解决。

再次，要培养自己的资源整合能力，这种能力是创业者必须拥有的极其重要的一种能力，因为每个人的能力都是有限的，但是人类的能力是无限的。

最后，要打牢自己的专业基础和培养自己的灵感思维。专业能力强，再加上灵感思维强的话，你就可以有无限的发展空间。职业院校是最贴近生活的学校，其所教所学的知识和技能都是社会现实中最常用的。因此，职校生借助自己的专业优势去发现问题、提出问题，进而解决问题，就是自己创新创业的最便捷的路径。

一、培养学生的观察能力

观察是我们认识世界、获取知识的一条重要途径，是指有目的、有计划、有思维活动的知觉活动。观察能力是用自己的感官去探索世界的一种能力。

这里要注意的是，观察要有目的、有计划、有思维。

（一）有目的地观察

想创新创业的学生要有目的地去观察自己想观察的世界。比如，一名幼师专业的学生，想在幼儿教育领域开启一些新的思路和想法，那他必须去了解幼儿教育领域存在的痛点和可以创新的点，这也要求学生要经常接触自己所学的专业知识今后将应用的领域，经常带着问题进行相关专业社会实践，在实践中发现问题、寻找机会。

比如，如果想在幼儿教育领域进行创新创业，我们就要有目的地去观察幼儿教育行业在"双减"后目前的状况。"双减"后，幼儿园不能像原来一样教小学的内容，也不能教拼音等，那怎么改变呢？要对此进行专门的调查，要利用跟岗实习、顶岗实习的机会，仔细观察幼儿园的改革措施，以发现幼儿教育的痛点并逐渐形成自己的创新创业思路。

（二）有计划地观察

想创新创业的学生要有计划地去观察自己想观察的世界。任何的思想和主意都不是凭空想出来的，它经常来源于有计划的观察。其实，这就像做科研需要阶段性实验一样，一步步走向成功。因此，当我们想对某件事情进行创新时，就要有计划有步骤地进行观察。尤其是在航空领域的创新创业，可以先从小的工程入手。任何设备都是由不同的零部件组成的，许多问题的解决都不是单一因素决定的，需要我们进行长时期的了解和观察才能发现一些本质性的问题，才可以给我们的创新创业提供帮助。这也从另一方面证实了创新创业其实是一个漫长、细致、脚踏实地的工作，不是一蹴而就的！

比如，空乘是十分让人羡慕的一个职业，也有完备的工作手册和流程。那空乘专业的学生能不能创业呢？其实也是可以的。如果确定了去创新创业的话，我们可以利用自己的优势去进行有计划的观察。可以重新入职空乘人员的职业适应方面发现有没有痛点，也可以从空乘人员的生活和工作的矛盾中看看有没有痛点，还可以用批判的眼光从空乘服务流程上去发现有没有痛点，还可以从年长空乘人员即将离岗的心态和职业培训中寻找是否有痛点。这样一步步深入观察，有了一手数据，知晓了需求，就可以作为创新创业的方向。

（三）有思想地观察

每个人的观察都是带有倾向性的。在同样的环境里，每个人看到的东西不尽相同。现实生活中，我们经常可以看到自己想看到的东西，而看不到自己不愿看的东西。这说明观察是可以带有思维倾向的。

案 例

身边的需求

赵某是一所职业院校的学生，他发现学生有大量的文件需要打印和复印，尤其是到期末的时候和临近毕业的时候，需求量大得惊人。他想，能不能自己开个复印店，把这些生意拿下来？

他综合学校的情况，做了以下分析。

整个学校有 8 栋宿舍楼，东边 4 栋，西边 4 栋，东西相距步行 10 分钟。

西边是活动中心，日常生活区域都在西边，包括打印室也在西边。而他恰恰在东边，东边的学生每次复印或打印几毛钱的东西都会拿着 U 盘步行十几分钟去西边复印打印。经过缜密的计算，赵某在自己宿舍开了一个复印社，既节省房租，也方便同学打印、复印。买好打印机，印制好广告单，在室友的帮助下，他一层楼一层楼地派发传单，每间宿舍都不错过。

发完广告就有人上门了，复印 1 毛钱一张，虽然第一单只有几毛钱的收入，但是却给他莫大的信心和继续向前走下去的勇气。顾客觉得满意，也向自己身边的朋友介绍，随着业务的熟练，他的客户范围也不断扩展。

点评：这位同学从身边的需求开始，去了解宿舍到打印店的距离，寻找到创业的点，从而获得成功。

二、培养学生的联想能力

《现代汉语词典》中是这样解释"联想"的，"由于某人或某事物而想起其他相关的人或事物；由于某概念而引起其他相关的概念"。也就是说，联想能力是一种由此及彼的想象能力。比如，考上大学，就会想到今后可能坐在明亮的办公室里上班，就会想象自己拥有了美好的生活等。

联想能力对创业者的重要意义在于：看到现有产品的不足，可以促使自己想象发明一个更好的产品来替代它；或者看到别人领先的技术，可以思考是否在其他领域引进这项技术进行相应的改造。

联想思维需要人们先涉猎，多思考。正所谓见多识广，善于把在不同场景下得到的信息串联成自己想要的，这种思维和能力是创新创业者特别需要的。

小链接

宜春袁州：年轻小伙守住万台"良心秤"

一台电子秤，既能称出重量，也能称出人品。袁州区青年余林守住诚信底线，坚持 7 年"做好秤，做良心秤"，卖了 1 万余台"良心秤"，还到老家周边各大农贸市场义务检测上万台电子秤，不让"问题秤"损害消费者权益，受到群众赞誉。

余林让妻子搬来了一台电子秤，做了一个简单的测试：一瓶 500 克的矿泉水，只要按下电子秤上的 M1，就变成了 610 克；按下 M2，变成了 640 克……按下 M6，变成了 755 克。

"一瓶 500 克的矿泉水称出了 755 克，电子秤还会换挡不成？"记者颇为惊讶。余林深谙其"门道"：这种电子秤就是商贩们所说的"挂挡秤""八两秤"，在市场上短斤少两，损害消费者的权益。

余林告诉记者，在慈化镇一带很少有"八两秤"，只要把住了销售源头不卖"问题秤"，市场上就很少有"问题秤"。有时在市场上发现了"八两秤"，他也会带回去帮着调回来。

电子秤的密码掌握在经销商手上，假如经销商不去动手脚，不卖"问题秤"，市场上就不会有短斤少两的"八两秤"。余林呼吁电子秤销售行业，不要为了一点蝇头小利，把自己的灵魂出卖了。

在宜春城区及城郊的各大菜市场，余林经常去给摊贩、商户的电子秤进行免费检测，检测合格的就贴上"良心秤"标签，至今已免费检测 1 万余台电子秤，贴出了近万张"良心秤"标签。很多市民去买菜，看到贴有"良心秤"标签的，消费也更放心。

看到以上报道，你会有什么联想呢？在我们的专业领域，是否也有这种"八两秤"，或者说，这种技术是否可以与其他技术相结合成为物联网产品？

三、培养学生的资源整合能力

"整合"就是通过整顿、协调重新组合。协调组合能力，在创业者所具备的能力中是最为重要的能力之一。创业者需要资源整合、人才整合、市场整合，要善于把貌似不相关的人和事整合在一起，产生新的价值。

在职校生创新创业过程中，学校内部、社会、政府、企业等资源急需整合。比如校内的闲置课题、专利资源，企业的研发设备资源和问题，政府的各项政策利用等。

案 例

在第二届中国"互联网＋"大学生创新创业大赛上，有一个项目受到评委的青睐。这是一个儿童益智类的绘本，采用了比较先进的互联网 AR 技术。但是该学生团队缺少渠道。有位评委看到这个项目后，主动找到这个项目的负责人，表示愿意整合自己的渠道资源来帮助他，两人一拍即合。这位评委具有当当网上书店的资源、具有新华书店系统资源，并且还有一定的幼儿园资源，这在很大程度上解决了长期困扰该项目组成员的问题，二者的合作达到了共赢的目的。

四、培养学生的灵感思维

所谓灵感思维就是指人们在生活学习工作过程中，由于长期实践、不断积累经验和知识，对长期思考的问题突然产生富有创造性的思路的心理过程。这在从事艺术创作、科学研究和创业者中是一种很实用也很常见的思维模式。

灵感思维能力的培养主要从以下几方面进行：①要对某一类问题进行长期的思维活动；②要就某类问题进行相关兴趣培养和知识准备；③要培养自己乐观镇静的情绪；④要注意摆脱习惯性思维的束缚；⑤要珍惜最佳时机和环境；⑥要有及时抓住灵感的精神准备和及时记录下灵感的物质准备；⑦要多阅读或与人交流。

最著名的灵感思维案例就是阿基米德计算皇冠黄金用量的案例。

小链接

国王做了一顶金王冠，他怀疑工匠用银子偷换了一部分金子，便要阿基米德鉴定它是不是纯金制的，且不能损坏王冠。阿基米德捧着这顶王冠整天苦苦思索，有一天，阿基米德去浴室洗澡，他跨入浴桶，随着身子浸入浴桶，一部分水就从桶边溢出，阿基米德看到这个现象，头脑中像闪过一道闪电，"我找到了！"

阿基米德拿一块金块和一块重量相等的银块，分别放入一个盛满水的容器中，发现银块排出的水多得多。于是阿基米德拿了与王冠重量相等的金块，放入盛满水的容器里，测出排出的水量；再把王冠放入盛满水的容器里，看看排出的水量是否一样，问题就解决了。随着进一步研究，沿用至今的流体力学最重要基石——阿基米德定律诞生了。

任务三　善想——培养学生捕捉机会的能力

所谓的"善想"就是擅长思考，善于抓住蛛丝马迹发现问题。善想是最能体现创新创业者水平的。职校生创业者的善想决定了其创意的来源，常见的有：从身边的生活不便处去捕捉机会、从自己学习的不便处去捕捉机会、从新闻报道中去捕捉机会、从自然灾害中去捕捉机会、从政策的调整中去捕捉机会、从新技术的引进中去捕捉机会等。

一、从身边的不便处去捕捉机会

目前的大学生创业很多是从身边的不便处着眼的。这类创业的一个共同点就是起点低、易模仿、难持久。采用这种方式创业应该可以看作是初步的创业尝试，应该鼓励。

例如，河南某职业院校一位学生，在大一上学期，发现学校宿舍没有暖气，学生的被褥也比较单薄，看看网上虽有出售，但是价格仍比自己家乡的褥子要贵上许多。于是，他提前从家乡采购了数十套被褥，在班上一抢而空。尝到甜头的他，立即邀请几位同学一起，齐心协力，一个多月的时间里，他们一共销售被褥3000多床，每床被褥25元，营业额7万多元，获得了入校后的第一份收入。

二、从学习的不便处去捕捉机会

我们在日常学习中，难免会遇到工具不顺手等情况。这也能成为我们创新的点。比如，有同学觉得普通的台灯不利于保护眼睛，于是自己就发明了护眼灯；有人觉得学生一天到晚坐着、躺着，不利于健康，于是又发明了一种可以站着看书的小书亭。

◈ 案例

航空维修专业的学习中，有许多需要动手的地方，大多数时候，都要在航空器上去实践。但由于合作企业或实训车间不是随时开放的，所以这让许多想学习的学生感到十分不便。这就成为航空维修专业学习的"痛点"。那是否可以根据这个需求，利用现代科技手段，研发出可用于学生动手学习的"航空器基本结构VR学习平台""航空器维修VR学习平台"呢？如果可以的话，就解决了航空维修专业的学习难题。

三、从新闻报道中去捕捉机会

新闻报道是记者们辛苦采集的最新信息，尽管对这些信息我们不能全信，但是合理利用还是可以发现其中蕴藏的商机的。

案例

从新闻报道中发现问题

2020年初，新冠肺炎疫情暴发，一时间民众的恐慌心情十分严重。某校一位同学却从中找到了商机。既然大众对新冠这么恐惧，政府也十分重视新冠肺炎的预防，那么口罩作为一个基本防护用品应该是比较走俏的。于是，他大量购进医用口罩，一周内将进货销售一空，初战告捷。

四、从自然灾害中去捕捉机会

自然灾害的发生给社会和人民带来巨大危害及财产损失。自然灾害无法消除，但我们可以利用不断发展的科技提高人类的防御能力。因此可以通过发明创造等形成新的创意，在规避自然灾害的同时，实现自己的创新创业梦想。

案例

从汶川地震得到的创业灵感

汶川地震造成了巨大的人员和财产损害。在人们叹息之余，有位高校大学生却对新闻报道中的一句"如果人们的防护意识更强的话，应该不会造成这么大的伤害"所警醒。他想：是呀，我们是不是可以为这种灾害逃生做点什么呢？他想到了编写逃生挂图、进行逃生训练、研发逃生设备等。于是，他找到当地的消防部门，跟他们反复协商沟通，创办了一家社会企业——灾害防护教育公司，专门为中小学生讲授灾害逃生常识。这一项目得到广泛认可。

五、从经济政策调整中去捕捉机会

国家、区域、行业的政策调整给无数创业者带来商机。任何国家和行业，政治经济都是密不可分的。比如我国当前的"一带一路"倡议、高铁经济、核电经济、养老政策、三孩政策等都给我们创造了商机。

六、从新技术的发明中去捕捉机会

5G技术是目前最新的移动互联网技术之一。那5G的发展能给我们带来什么机会呢？应该说机会是很多的。我们可以好好地想一想。

5G与幼儿教育的关系是什么？

5G与航空运输管理的关系是什么？

5G与航空维修的关系是什么？

5G与新能源汽车的关系是什么？

5G与飞行器制造的关系是什么？

总之，新技术能给我们带来什么机会，这是我们要了解的。

课后练习

1.你在现实生活和学习中，是否观察到什么令你不愉快、不顺心或眼睛一亮的东西？

2.你可以试着看一些新闻，并尝试着把一些看上去不相关的新闻联系起来，提出一个新设想。

3.针对新冠肺炎疫情，结合专业知识，你能提出有关解决办法吗？

项目三　职校生创新创业项目筛选准备

导读

　　创新创业既是思维的碰撞，也是信息的整合，我们既要有不断打破禁锢的创新思维，也要有不断整合各类资源的能力，只有这样，才能将捕捉到的信息转化为能为己所用的资源。

知识目标

- 让职校生了解搜集、整理信息资源的重要性；
- 让职校生学会收集信息，并从中发现不同，形成自己的创意；
- 让职校生了解并学会头脑风暴。

能力目标

- 学会搜集、整合信息的方法；
- 掌握头脑风暴，并学会利用。

案例导入

社区共享拐杖

某职业院校机械制造专业的小田看到满大街的共享单车、随处可见的充电宝，被"共享经济"吸引住了，也希望自己可以从这波浪潮中分一杯羹。他设计了一种共享拐杖，用来帮助社区老人出门忘记带拐杖时租赁使用。

但项目投产后，出现了问题。

需要拐杖的老人们在社区活动时，一般自己都会带拐杖。不需要的老人出门更不会使用共享拐杖。那么问题来了？这是不是假需求呢？

点评：专家在了解了他的这个项目后，指出：这个项目的缺陷在于他事先的调查不充分，对市场需求了解不足，导致应用场景不清晰，用户群体不清晰，项目定位不准。建议他再次做市场调研。创新创业不能拍脑袋，一定要做足功课，三思而后行。

任务一 创新创业信息的来源

将生活、学习、实践中观察到的问题进行深入思考，形成解决问题的初始创意，并将此创意灵感与创业伙伴分享，通过头脑风暴等方法将创意锁定后，进一步转化为一个可实行的创业项目，这是创新创业的第二个步骤。

该步骤重点强调职校生创新创业者必须学会搜集创业信息，形成并与人分享自己的创意；必须学会使用头脑风暴，借力旁人的意见，并进而提炼出自己解决问题的方案；然后逐步将创意转化为可实施的创新创业项目。

创新创业信息的搜集是创新创业过程中极为普通而又必要的一步。据调查，44.49%有创新创业意向的同学因为"不知如何选择项目"而迈不出这一步。这反映了职校生缺乏在浩如烟海的信息海洋中搜集与自己创新创业有关信息的能力。而对一个成功的创新创业者来说，信息的搜集、捕捉、分析和利用能力是非常重要的。

项目的信息来源主要可以归纳为耳闻和目睹两个方面。

一、耳闻——新闻媒体（含电视、网络）

目前，资讯特别发达，传统媒体和自媒体十分活跃，包括政府的政策、企业的技术以及民间的信息，都可以从电视、网络中获取。所以，要想创业，必须竖起耳朵，多了解新闻。

（一）电视

广播电视是信息获取的主频道。国家重要的法规政策都会在新闻中报道出来。因此，要特别关注电视新闻。

（二）网络

网络是职校生了解信息的另一重要渠道。现在是信息时代，信息量巨大，垃圾信息也不少，对创业者而言，首先应从官网上看政策导向，如国务院、工信部、科技部、教育部等网站以及新华网及各行业协会网站；其次，要关注各种创业类网站。此外，要善于从网站的"科技、教育"等频道中搜寻创业信息。目前的网络，特别是移动互联网非常发达，已经成为学生搜集信息的主要来源。

二、目睹——社会实践（实习实训、社会活动）

人们常说，"百闻不如一见""眼见为实"。我们要创新创业，也必须先"目睹"。目睹的核心意思，就是要求我们去看看外面的世界，不要躺在沙发上查信息，只听别人的二手信息。

（一）实习实训

跟岗实习、顶岗实习是教育部对职校生规定的学习过程之一。在这个过程中，学生可以结合自己的专业学习，进行专业知识和技能的检验。如果同学们想利用自己的专业优势去创新创业，那么在跟岗实习和顶岗实习中，进行创新创业信息的搜集则是极为重要的。同时，学生可以在实习中充分利用自己的专业优势、技能优势，去学习厂家的先进技术，同时发现现实工作中存在的问题。只要我们惯用批判性思维的方法，一定能够独具慧眼，找到问题。

（二）社会活动

社会活动包括志愿者服务、"三下乡"活动、各种大赛等。在社会活动中，我们可以充分接触社会，了解社会发展的需求，了解现实生活中的不便，为创新创意的产生提供商机来源。

另外，各种创业平台也是我们创新创业信息的来源。一些创业平台是打算创新创业的学生必须经常光顾的地方。在这里，有各种专业人士，也有许多新的创意，可以帮助自己产生新的思路。

任务二 创新创业信息搜索、整理与分析

不少同学有创新创业的意愿和想法，但是对创新创业如何选择项目十分迷茫。为什么会这样呢？这主要是因为同学们平素对相关的事情思考不够。如果真的要创新创业的话，就必须对相关信息进行搜索和了解。一般来说，包括信息搜索、信息整理、信息分析和信息综述等步骤。

本任务主要是创新创业信息搜索、整理与分析。

一、创新创业信息搜索

根据设计的创新创业方向，依托上文介绍的创新创业信息的获取渠道，进行相关信息的搜集。为了做好这项工作，也需要掌握一定的方法。

首先，设计一张表格，记录搜集的信息内容。表头设计如表3-1。

表3-1　信息搜索记录表

序号	搜集时间	信息来源	信息名称	内容摘要

其次，要制定自己的信息采集目标。比如，每天采集多少条信息，在多长时间段之内搜集多少条。

通常来说，早期创新创业信息的搜集应该至少在50条。

二、创新创业信息整理

在创新创业信息搜集完成后，则需要进行相关信息的归类整理，这对下一阶段的工作极其重要。

表3-2　信息归类整理表

信息类别	信息来源	信息名称	信息存储	信息摘要

创新创业信息类别可以分为：技术相关信息、市场相关信息、资源相关信息等。根据创新创业项目的不同可以自行加减。

三、创新创业信息的分析

（一）创新创业信息的分析

创新创业信息整理之后，要对相关信息进行分析。对每一条信息，都要认真研读，

分析并写出摘要。这个工作十分必要，可以帮助你迅速抓住信息的要点。

（二）创新创业信息存储

创新创业信息存储也是很重要的步骤，要将信息归类后建档，分别在电脑上用专门的文件夹存档，以便在使用时随时调取。

信息存储时要记录存储日期、信息名称、信息类别、信息来源、存储位置等。可以用一张创新创业信息搜集、存储一览表记录，以便查找。

表 3-3　创新创业信息搜集、存储一览表

序号	存储日期	信息名称	信息类别	信息来源	存储位置

四、创新创业信息综述

创新创业信息搜集、整理分析之后，最好形成一个信息综述材料。

关于某某创新创业项目相关信息综述

一、某某项目的信息搜集汇总介绍

二、某某项目的信息分析

三、某某项目信息提示
　　1. 项目的国际国内发展状况
　　2. 项目的技术水平
　　3. 项目的相关政策
　　4. 项目的可行性
　　5. 结论

任务三 分享创意灵感

创意灵感形成之后，并不能产生实际价值，因此，有人说创意不值钱。但一个新的创意，哪怕不成熟，也有一定价值。它可以给人们打开一扇窗，启发一种新思路。创

意要与人分享，自己独享的创意灵感没有价值。职校生是很有思想活力的一群人，课余时间应该经常聚在一起进行思想碰撞，促使自己产生创意灵感。

一、与创新创业导师分享创意灵感

职校生创新创业者有好的创意，首先应该与创新创业导师进行分享。创新创业导师比较有经验，他们可以看出你创意中的闪光点。也许他的建议会帮助你把创意演变成一个可行的创新创业项目。

二、与其他同学分享创意灵感

每个人对事物都有自己的看法，都有自己擅长的地方。职校生在产生创意后，要迅速与其他同学分享，通过碰撞完善自己的创意。不同专业间的优势互补，不同的观点互补，不同的能力互补是创新创业者应该重视的地方。

三、与专业人士分享创意灵感

与专业人士分享创意既重要又要慎重。重要的是，他们比较专业，应该可以给出比较有价值的建议。但是，正因为他们专业，所以很可能会"剽窃"你的创意。因此，分享灵感需特别慎重，选择咨询对象很重要。

任务四 创新创业必须进行实地调查

实地调查又叫田野调查（field work）或现场研究。这是职校生投身创新创业必须进行的一个步骤。

实地调查可分为四个阶段：准备阶段、调查阶段、撰写调查研究报告阶段和补充调查阶段。

一、准备阶段

实地调查必须做好充分的准备，否则难以获得理想的成果。准备阶段通常包括如下几方面的过程。

（一）确定好要调查的问题或调查的目的

在进行调查之前，创新创业者要对自己想要做的事情进行先期的信息搜集和整理，对相关行业的背景进行初步了解，初步确定自己需要通过调查了解清楚的事情或者调查的目的。这一步是很关键的。

（二）设计好调查问卷或大纲

针对前期搜集到的信息和初步确定的调查目的，设计好调查问卷或大纲，以便与被调查者交流时能够有的放矢。有调查提纲和调查表格，搜集的资料会较为系统、全面。

（三）选择好调查对象

选择调查对象的基本要求：

（1）具有代表性，指的是调查样本是与我们想了解的信息有代表作用的人群；

（2）具有直接关系，指的是调查对象是我们设想中的产品／服务的直接用户；

（3）具有间接关系，指的是调查对象是我们设想中的产品／服务的间接用户；

（4）具有上下游关系，指的是调查对象是我们产品／服务的上下游伙伴；

（5）如果能够获得所在地政府相关主管部门的支持更好。

（四）随时捕捉新信息

调查中除了要按照调查大纲或设计好的调查问卷进行调查外，还要随时注意搜集新的、原计划中没有涉及的信息。

（五）尽量通过网络手段获取调查结果

在移动互联网如此发达的今天，尽量通过移动互联网或网络平台进行调查，一来减少统计的工作量，二来便于搜集被调查者信息。

（六）熟悉有关社会和文化的理论与基础知识

调查者需要掌握有关社会和文化的各种理论和知识。

二、调查阶段

（一）陌生拜访时要注意礼节

首先了解当地的一般社交礼仪和禁忌等。每一个民族或每一个地区都有特殊的社交礼仪，如见面礼节、做客礼仪等，以及各种禁忌等。只有先了解一般礼仪和禁忌，才有可能较好开展实地调查。

（二）入乡随俗，尊重当地人

农村与城市不一样，自然环境和社会环境均不相同。一是不怕脏，不怕苦，不怕累。

二是拜访当地人，应遵从当地礼俗。

（三）注意个人形象

扮演好自己的角色，是实地调查取得成功的重要一环。在实地调查期间，应注重个人形象，一是外在形象，二是内在形象。

外在形象主要应注意两点：一是服饰应整洁、大方；二是要留得体的发型。如果是女性，口红不要涂太浓，香水不要洒太多。

内在形象也要注意两点：一是言谈举止要文雅，既要有风度，又要彬彬有礼，不说粗话、脏话；二是不要做有损人格之事，不去占小便宜。

（四）调查前的宣讲

调查前要对被调查者宣讲清楚调查的目的，以及与被调查者之间的关系。以便争取被调查者的配合。

（五）观察要细

调查中，要尽量参与其中、密切观察，这是实地调查的重要方式之一。而参与观察又有"深"和"浅"之分，只有观察深入，入木三分，才能透过现象看本质，才有可能写出较成功的调查研究报告。如果观察不深，就不可能写出有深度的调查研究报告来。

（六）访谈既要深，而且要有技巧

访谈有两种类型，一是结构型访谈，即问卷访谈，还有一种是无结构型访谈，即非问卷访谈。

结构型访谈又分两类，一是回答问题的方式，即调查者根据调查大纲，对每个受访人差不多问同样的问题，请受访者回答问题。二是选择式，即调查者把所要了解问题的若干种不同答案列在表格上，由受访人自由选择。

无结构型访谈事先没有预定表格，没有调查大纲。调查者和受访人就某些问题自由交谈。

无论是何种形式的访谈，都需要注意调查深度。深度访谈是实地调查的特色。同时要讲究技巧。访谈技巧应注意三点：一是启发式访谈；二是拐弯式访谈，对那些不方便直接问的问题，一定不要太直接；三是要多问为什么。

特别要注意的是，一定要倾听，要多听被调查者的倾诉，这样可以帮助自己获取更多的信息。

（七）关于资料搜集的一些问题

搜集资料应注意如下几方面的问题。

1. 必须遵循三条原则

其一，着重搜集新材料，搜集过去没有人了解过的新材料或没有人了解过的新内容。例如，思维方式、价值观念、民族性格、族群观念、文化象征、社会交换和人际互动等方面的内容。

其二，了解该地区与同一民族其他地区的文化差异。如果同一民族其他地区已发表相关的某种文化现象资料，则着重了解该地区的那种文化现象与其他人调查的其他地区的文化现象是否相同，如果有差异，表现在哪一方面。

其三，注意资料的准确性，反复核实搜集的材料。被调查者提供的材料，有些可能不可靠，必须找多人核实，如果大多数人说的相同，则证明是可靠的，如果某人所提供的材料与大多数人所说的不一样，则应慎重对待，一般情况下应取大多数人所说的为准。或两种说法同时搜集，以作参考。

2. 注意搜集计划外有价值的信息

在调查时，调查人员往往会得到许多意外的收获。

（八）边调查边整理资料

每天都做调查笔记，而且要边调查边整理。这样可以发现哪些方面调查不足，以便随时补充。

（九）调查的时间

调查时间的长短因人而异，主要根据调查者对当地情况的熟悉程度，或被调查者的态度和时间而定。

三、撰写调查研究报告阶段

调查完毕后，系统自动会出具调查结果，经过对调查结果的分析，我们应尽快写出调查报告，从中找出创新创业项目的可行性依据，确定创新创业目标。

四、补充调查阶段

对初步调查时未能证明的问题，我们可以另外设计调查问卷，进行补充调查。

在这个过程当中，我们会对自己打算做的项目更加清晰，进一步明确自己的方向，深深明白"选择比努力更重要"。

任务五 活用头脑风暴

在信息搜索、分析、整理并进行田野调查之后，团队成员对该项目都会有一个比较清晰的认识。这些认识有的是相同的、一致的、没有分歧的；但是大多数情况下，可能每个人都会产生不同的看法，这不仅与团队中的每个人掌握的信息不对称有关，而且与每个人的思维习惯与决策风格不一样也有关。这种情况下，让大家充分展示自己的看法和观点就显得非常重要。而在群体决策中，由于群体成员心理相互作用影响，易屈从于权威或大多数人意见，形成所谓的"群体思维"。这种思维会严重削弱批判精神和创造力，影响群体决策的质量。为了提高决策质量，管理上发展了一系列改善群体决策的方法，而头脑风暴法是较为典型的一个。

头脑风暴法又称智力激励法，是一群人就一个特定的问题无限制发挥自由联想和讨论而产生新观念或激发创造性设想的思维方法。它的特点是让与会者敞开思想，在毫无约束的条件下交流，这样可以使各种设想在相互碰撞中激起脑海的创造性风暴。在创新创业中，这是一种常用的工具，必须掌握。

一、头脑风暴法的步骤

头脑风暴法的实施步骤主要分为会前准备、会中控制、会后总结三个阶段。

（一）会前准备

会前准备包括以下内容。

（1）确定议题。一个好的头脑风暴法从对问题的准确阐明开始。因此，必须在会前确定一个目标，使与会者明确通过这次会议需要解决什么问题，同时不要限制可能的解决方案范围。一般而言，比较具体的议题能使与会者较快产生设想，主持人也较容易掌握；比较抽象和宏观的议题引发设想的时间较长，但设想的创造性也可能较强。

（2）准备材料。为了提高头脑风暴畅谈会的效率，达到好的效果，可在会前收集一些资料预先给大家参考，以便与会者了解与议题有关的背景材料和外界动态。就参与者而言，在开会之前，对于要解决的问题一定要有所了解。会场可做适当布置，座位排成圆环形的环境往往比教室式的环境更为有利。此外，在头脑风暴正式开始前还可以出一些创造力测验题供大家思考，以活跃气氛，拓展思维。

（3）确定人选。一般以 8 ~ 12 人为宜，也可略有增减（5 ~ 15 人）。与会者人数太少不利于交流信息，激发思维；而人数太多则不容易掌握，并且每个人发言的机会相对减少，也会影响会场气氛。只有在特殊情况下，与会者的人数可不受上述限制。

（4）明确分工。

①要确定 1 名主持人。主持人的作用是在头脑风暴畅谈会开始时重申讨论的议题和纪律，在会议进程中启发引导，掌握进程。如通报会议进展情况，归纳某些发言的核心内容，提出自己的设想，活跃会场气氛，或者让大家静下来认真思索片刻再组织下一个发言高潮等。

② 1～2 名记录员（秘书）。记录员应将与会者的所有设想及时编号，简要记录，最好写在黑板等醒目处，让与会者能够看清。记录员也应随时提出自己的设想，切忌持旁观态度。

（二）会中培训

会中控制包括以下内容。

（1）规定纪律。根据头脑风暴法的原则，可规定几条纪律，要求与会者遵守。要集中注意力积极投入，不消极旁观；不要私下议论，以免影响他人的思考；发言要针对目标，开门见山，不要客套，也不必做过多的解释；与会者之间相互尊重，平等相待，切忌相互褒贬等。

（2）掌握时间。会议时间由主持人掌握。一般来说，以几十分钟为宜。时间太短与会者难以畅所欲言，时间太长则容易产生疲劳感，影响会议效果。

经验表明，创造性较强的设想一般要在会议开始 10～15 分钟后才逐渐产生。会议时间最好安排 30～45 分钟。倘若需要更长时间，就应把议题分解成几个小问题分别进行专题讨论。

（3）及时引导。主持人应善于发现有价值的设想，并适时引导大家对这一设想进行深度碰撞。

（4）监控执行。主持人应监控活动的正常进行，对违反纪律的行为要坚决制止，以免影响活动效果。

（三）会后总结

会后总结包括以下内容。

（1）收集设想。将会中得到的设想记录收集起来，了解设想的数量。得到的设想数量应该作为头脑风暴会议成功与否的考核指标之一。

（2）分析整理。将这些设想进行归类整理，思考是否可以归纳为几类。

（3）归纳提高。对这些设想归纳后加入自己的观点，提升设想的水平。

（4）及时反馈。将归纳后的设想反馈给与会者，让大家了解会议的效果，享受成就感；必要时，对这几个设想再次进行头脑风暴。

可参照表 3-4 实施。

表 3-4   头脑风暴实施计划

讨论内容	关于 ××× 的头脑风暴
时间	
地点	
参与人员	
主持人	
记录员	
会议记录	
会后观点整理	
备注	

二、头脑风暴的成功要领

头脑风暴的成功要领可归纳为以下几点。

（1）自由畅谈。参加者不应该受任何条条框框限制，放松思想，让思想自由驰骋。从不同角度、不同层次、不同方位大胆地展开想象，尽可能地标新立异、与众不同，提出独创性的想法。

（2）延迟评判。进行头脑风暴时必须坚持不当场对任何设想做评价的原则。既不能肯定某个设想，也不能否定某个设想，也不能对某个设想发表评论性的意见。一切评价和判断都要延迟到会议结束以后才能进行。这样做一方面是为了防止评判约束与会者的积极思维，破坏自由畅谈的有利气氛；另一方面是为了集中精力先开发设想，避免把应该在后阶段做的工作提前进行，影响创造性设想的产生。

（3）禁止批评。绝对禁止批评是头脑风暴法应该遵循的一个重要原则。参加头脑风暴会议的每个人都不得对别人的设想提出批评意见，因为批评对创造性思维会产生抑制作用。同时，发言人的自我批评也在禁止之列，因为自我批评性质的说法同样会破坏会场气氛，影响自由畅想。

（4）追求数量。头脑风暴会议的目标是获得更多的设想，追求数量是它的首要任务。参加会议的每个人都要抓紧时间思考，多提设想。至于设想的质量问题，自可留到会后的设想处理阶段解决。在某种意义上，设想的质量和数量密切相关，产生的设想越多，其中的创造性设想就可能越多。

（5）设想处理。组织头脑风暴畅谈会，往往能获得大量与议题有关的设想。但这只完成了任务的一半，更重要的是会后对已获得的设想进行整理、分析，以便选出有价值的创造性设想来加以开发实施。

设想处理的方式有两种：一种是专家评审，可聘请有关专家及畅谈会与会者代表若干人（5人左右为宜）承担这项工作；另一种是二次会议评审，即由头脑风暴畅谈会的参加者共同举行第二次会议，集体进行设想的评价处理工作。

三、头脑风暴的使用原则

（1）禁止批评和评论，也不要自谦。

（2）目标集中，追求设想数量，越多越好。

（3）鼓励巧妙地利用和改善他人的设想。

（4）与会人员一律平等，各种设想全部记录下来。

（5）主张独立思考，不允许私下交谈，以免干扰别人思考。

（6）提倡自由发言，畅所欲言，任意思考。

（7）不强调个人的成绩，应以小组的整体利益为重，注意和理解别人的贡献。

任务六　创新创业灵感转化为创新创业机会

创意灵感经头脑风暴之后，我们要进一步将其转化为创新创业项目，抓住这个重要的创新创业机会。所谓创新创业机会就是创新创业者觉得有利于自己开展创新创业活动、存在巨大商机的市场需求因素。简而言之，创新创业机会就是创新创业者可以利用的商业机会。

这里要提醒大家的是，创意与创新创业机会是有区别的。创意是具有一定创造性的想法或概念，其是否具有商业价值存在不确定性；创新创业机会则是具有明确商业价值的创意，表现为特定的组合关系。

一个创意是否可以转化为机会，要从创意产生的来源和创业机会识别两个方面去判断。

一、创新创业机会的来源

创新创业机会一般来源于七个方面：

（1）来源于"问题"——从"问题"的发现中寻找机会；

（2）来源于"变化"——从"变化"中发现机会；

（3）来源于"创新"——从"创新"中发现机会；

（4）来源于"提升"——从"提升"过去的不足中创造机会；

（5）来源于"新技术"——从"新技术"的应用中获取机会；

（6）来源于"模仿"——从"模仿"别人的成功经验中寻找创业机会；

（7）来源于"合作"——从"合作"中寻找创业机会。

在职校生创新创业中，项目还来源于学校或老师的科技成果转化，来自新技术革命带来的跨界融合。

二、创新创业机会的识别

（一）有无创新创业欲望

创业欲望是人们进行创新创业机会识别的前提，机会面前人人平等。一个没有创业欲望的人，面对再好的创新创业机会也会视而不见，或与之失之交臂。

（二）创新创业机会识别能力的高低

创新创业能力是创业机会识别的基础。这些能力主要是指远见与洞察力、信息获取能力、技术发展趋势预测能力、模仿与创新能力及资源整合能力等。

（三）创新创业机会的政策把控

在很大程度上，创新创业环境的支持与否是创新创业机会识别的关键。比如，国家对高能耗、高污染行业的管控十分严格，如果在严格限制这些产业发展的区域进行相关创新创业，很难成功。

通过以上三个步骤，就可能形成你的创新创业项目雏形。

课后练习

1.我们可以从哪些渠道获取创新创业信息？

2.尝试在班级内部进行头脑风暴活动，班级分小组，针对某个问题进行头脑风暴，并将结果交给老师。

3.每天从新闻报道中找出 5 条对你创业有帮助的新闻，坚持 1 周。

项目四 职校生创新创业项目快速实践（试错／评估）

导读

　　经历过创新思维的训练，掌握了搜集信息、整合资源的方法，部分学生可能已经想好了自己的创新创业类型，我们所做的准备都是为了能够进行创新创业的实践。因此，项目最重要的还是要落地，通过行动检验自己的选择是否合适，需要进行哪些改进。

　　这是创新创业教育中极为关键的一步，也是与传统创新创业教育区别最大的一步。在同学们有了创新创业激情之后，最关键的不是耗费大量时间去学习"创新创业知识"，而是需要通过鼓励学生的快速试错，锻炼学生创新创业之"胆"。这样才能使创新创业教育步入正确的轨道。

　　快速实践包含快速试错和快速评估两部分。

知识目标

- 掌握初次创新创业者进行试错的内容；
- 通过试错实践，给创新创业者练胆；
- 掌握试错后快速评估的内容。

能力目标

- 提升创新创业者初次尝试设定创新创业目标的能力；
- 提升创新创业者初次尝试探索目标实施方案制定的能力；
- 提升创新创业者对试错结果进行评估并做出判断的能力。

　　周铭，一位毕业于某职业学院经管专业的学生，在校期间做过家教、外卖骑手、导游等多种兼职。毕业后，选择了创业这条路。

　　刚开始，结合自己原来做家教、暑培积累的经验，选择了办培训班。信心满满的他邀集了一帮同学就开张了。一伙年轻人满腔热忱地租场地、跑招生，搞得红红火火。满以为从此顺风顺水、财源广进。没想到，"双减"政策浇灭了他们的梦想。这一次的创业尝试碰到了政策瓶颈。

　　点评： 创业的最大风险的莫过于政策风险。周铭遇见的这种风险是完全不能预见的。幸好他还处于刚刚尝试阶段，没有陷进去太深，损失不是太大。可见，创业尝试是很关键的步骤。

　　有一项"关于职校生创新创业意愿的调查"，结果表明：认为职校生应该创新创业的，占比为79.5%；没考虑过创新创业或无所谓的，占16.7%；认为职校生不应该创新创业的，仅占3.8%。这表明绝大多数职业院校的学生还是希望创新创业的。但从实际情况来看，创新创业的学生比例仍然比较低，这是为什么呢？

　　职业院校创新创业教育不应该只是培养人的创新创业意识、创新创业思维、创新创业技能等各种创新创业综合素质，也应使被教育者具有一定的创新创业能力，并能够帮助学生把创新创业意愿变成创新创业的具体行动。创新创业教育要鼓励学生在创新创业实践活动中磨炼自己，在曲折中不断成长；特别重要的是，创新创业是一种积极的就业形式，当代职校生要学习在创新创业浪潮中创造自己的人生。

　　经过创新创业意识唤醒、创新创业信息采集、初步形成创新创业项目之后，职业院校的学生要快速进行创新创业尝试。初期形成的创新创业项目不完善，也没有创新创业经验，创新创业尝试的过程异常痛苦和艰难，失败率也很高。所以，这一阶段也称为快速试错阶段。只有勇敢地迈出这一步，勇敢地进行创新创业尝试，才有可能培养自己的创新创业能力和精神，才能为自己今后真正选择创新创业之路做好准备。

任务一　制定初次创新创业尝试应该达到的目标

一、制定目标的原则

制定初次创新创业尝试的目标要掌握以下几个原则。

（1）目标的明确性。我们对初次创新创业尝试想达到什么目标要非常明确。比如，本学期我想尝试进行一项创新性的研究，并申请一项专利。

（2）目标的可测量性。目标可以定量测量（数量、质量和时间等），如一项研究、一项专利申请等。

（3）目标的可实现性。目标的可实现性主要指初次创新创业目标的制定应该符合自己的主客观实际，在自己可达到的能力范围之内。如自己喜爱本专业，专业学习优秀，勤于动脑，善于动手，有一定的科研能力等，学校的实验室条件及师资能够满足自己科研及专利发明的要求。

（4）目标的时限性。初次创新创业尝试的目标必须有严格的时限性，就是说目标要在特定的时间内完成。

（5）目标的关联性。我们初次的创新创业目标要与未来的职业发展目标相结合，可以是为未来更大的创新创业做铺垫，也可以是为未来更好地选择职业做准备。

总之，初次创新创业的目标不要定得太高，也不要定得太远，做一个明确的短期目标规划即可。同时，目标尽可能简单明了，以便容易实施并准确判断。还要注意初次目标与未来的关联。

二、围绕目标制定实施方案

初次创新创业尝试目标制定好之后，一定要根据目标制定好详细的实施方案，这是保证目标得以实现的重大前提。实施方案中，对技术路线、时间进度、渠道建设、宣传资料、人员搭配、经费预算等均要明确规定。

三、根据实施方案采取试错行动

目标和实施方案制定好之后，最关键的是实施具体行动。严格按照实施方案执行是至关重要的。任何规划和目标如果没有有效的行动，那永远都是一堆废纸。

任务二　初次创新创业尝试探索的内容

创新创业尝试的目的，不是为了赚多少钱，也不应以赚钱多少来衡量成功与否。探索的内容主要是在项目选择、创新创业方向、创新创业方式、发展模式和创新创业能力方面进行尝试。

实际上，每个企业都会经历创新创业尝试的阶段，这个阶段不仅对技术进行检验，而且也对产品和项目进行检验，对市场进行深入的了解，对商业模式进行确定。因此，这是非常重要的一步。在这个过程中，团队核心成员的磨合也是重要内容，既包括技术分工的磨合，也包括价值观的磨合，这是在正式创新创业前组建团队的一次考验，不能掉以轻心，如表3-5所示。

表3-5　创新创业尝试探索内容

检验创新创业项目	
探索创新创业方向	
尝试创新创业方法	
探索商业模式	
验证创新创业能力	
考察团队成员	

一、检验创新创业项目

许多同学初次选的创新创业项目都不太准。创新创业者的创新创业项目也绝对不是一次就选择正确的。因此，初次创新创业尝试必须对自己选择的创新创业项目进行检验。创新创业项目的检验主要包含以下内容：

（1）检验自己是否对创新创业项目有浓厚的兴趣；

（2）检验自己在创新创业项目方面有哪些特长；

（3）检验创新创业项目是否符合市场需求；

（4）检验项目产品在个人兴趣、专业特长和市场需求之间是否找到了一个契合点。

二、探索创新创业方向

创新创业方向决定了一个项目的好坏，决定一个企业能走多远、是不是真的符合自己的价值观和市场需求。因此，初次创新创业尝试应对此有所探索。探索创新创业方向的主要内容如下。

（1）检验创新创业领域是否符合人们或社会发展的需求？

（2）明确创新创业方向面临哪些市场机会和风险。

三、尝试创新创业方法

创新创业就是创新创业者对自己拥有的资源或通过努力能够拥有的资源进行优化整合，从而创造出更大的经济价值或社会价值的过程。在创新创业路途上充满艰辛，它不仅是一种挑战，更是对自己能力和意志品质的一次磨炼，是对平凡而稳定生活的一种颠覆。创新创业者必须思考以下问题。

（1）是否有坚持下去创新创业成功的雄心？

（2）创新创业中是否能把握形势，抓住机会？是否迈出了创新创业过程中关键的一步？

（3）创新创业过程中创新创业者是否善于学习，勤于反思和总结？

（4）在创新创业过程中是否发挥了良好的沟通能力？

（5）对公司的经营、管理、选人及带领团队方面做得怎样？

（6）公司的财务管理做得是否合理？

四、探索商业模式

企业的商业模式事关企业的未来，要注意的是，一个企业可能不止一个产品或服务，所以可能会同时存在几种商业模式。企业在不同发展阶段，可能有不同的商业模式。初创企业探索一条适合自己的商业模式极其重要。检验商业模式通常包含以下几方面的内容。

（1）产品的价值定位。

（2）产品的目标市场。

（3）产品的销售和营销状况。

（4）如何完成产品的研发和服务？

（5）产品的分销方案是什么？

（6）产品的营利模式是什么？

（7）产品的成本结构是怎样的？

五、验证创新创业能力

创新创业之初，职校生可能不知道创新创业的艰难，对创新创业的风险或问题预估不足，通过创新创业尝试可以对自己的能力进行验证。这对帮助创新创业者正确认知自我十分重要，对企业的发展也至关重要。只有正确认知自己，才能发现自己是否做好了创新创业的准备——心理准备和能力准备，这样才能保证你在创新创业的路上走远。

（1）检验自己的心理承受能力是否能承受创新创业压力。

（2）检验自己的知识技能是否能支撑自己的创新创业。

（3）检验自己的风险承受能力。

六、验证创新创业团队

创新创业团队是由两个或两个以上具有一定利益关系、共同承担创办企业责任的人组成的工作团队。创新创业团队不同于一般的群体和团队，它因共同的创新创业目标走到一起，他们在团队中的角色、定位和贡献是互补的。

创新创业团队必须有一个领袖，领袖是创新创业团队的灵魂，是团队力量的协调者和整合者，是团队矛盾的化解者，更是重大决策的关键决策者。任何一个团队都要注意塑造或维护这个领袖。这提示职校生组建创新创业团队时，最好进行不同专业的人员搭配，注重互补协同。

初始创新创业尝试要对创新创业领袖进行细致评估，对创新创业团队中其他成员也要进行细致评估。通过评估，领导者要做出团队核心成员的选拔决定，团队成员也要做是否追随该领导者共同创新创业的决定，或者判断自己在创新创业团队中的角色定位和作用，明确自己能为创新创业团队做什么。

◈ 案 例

不能互补的创新创业团队

某职业院校几名营养学专业的同学，自认为擅长食品营养搭配和健康知识教育。他们认为在大健康时代，人们越来越注重健康、养生和保健，这是一个很好的创业机会。于是，几个人决定合伙创业，很快成立了以供应营养餐为主的公司。他们专业背景不错，研发的几种产品理论上也比较符合特殊人群的使用。但是，他们几个创始人全是技术类人才，没有管理、财务、运营、营销人才，在资金预算和使用、业务的推广宣传、融资等问题上毫无准备。公司成立不久，由于资金链断裂而无法维持运营，只好"关门大吉"。

任务三 对初步尝试的结果进行总结评估

对初次创新创业尝试结果的评判主要集中在以下几个方面：

第一，对比初始目标和初次尝试结果，找出二者之间的差距；

第二，分析差距产生的原因；

第三，针对差距产生的原因提出解决的办法。

一、创新创业初始目标及试探后的结果对比

职校生们创新创业设定的初始目标比较理想化，可能高于或低于现实情况。因此，职校生创新创业者在经过初次创新创业尝试、得出结果后，要把创新创业尝试的结果与初始目标进行对比，看是否存在差距，并填写在表 3-6 中。

表 3-6　创新创业初始目标与尝试的结果对比

创新创业初始目标	初次创新创业尝试的结果	差距

二、分析目标与结果差距产生的原因

比较了解了目标与结果之间的差距，接下来就要根据差距分析原因。产生差距的原因可能是多方面的，我们要细致分析，不能马虎。例如，目标过高造成无法达成，执行力不足导致没有达到预期效果等。我们只有找到具体的原因，才能准确、有效地把握情况，制定正确的解决方案。可以根据表 3-7 进行分析、填写。

表 3-7　目标与结果产生差距的原因

差　距	产生的原因

三、根据差距产生的原因调整决策

了解了目标与结果之间产生差距的原因后，我们就要根据原因寻找解决问题的对策。原因不同，应对方法也不尽相同，我们要有针对性地进行分析，找出切实有效的解决办法，不能人云亦云，可根据表 3-8 分析、填写。

表 3-8　根据原因调整决策

差　距	产生的原因	对　策

任务四 初次创新创业项目评估的目的

初次创新创业项目评估的目的主要集中在以下几个方面。

一、项目的可行性

初次创新创业者对项目的把控能力较弱，因此，初步尝试后对项目可行性的分析是必要的。对项目实施后的结果进行评估，可以帮助我们论证项目的可行性。

（1）放弃某个项目。有的项目听起来不错，但经过试错后发现完全不是那么回事，对这种项目应该果断放弃。有的创新创业者同时经营两个或两个以上的创新创业项目，经过创新创业尝试可以帮助我们选择最适合、最有价值的创新创业项目。

（2）对项目进行修改调整。一般情况下，初次尝试后都要对项目进行一定程度的调整完善。只有不断完善，创新创业项目才能趋于成熟，在市场上占有一定地位。

（3）坚定对项目的信心。有时通过对项目的试运行，可以增加团队成员对项目的信心。这样的试错对创新创业团队来说是非常值得的。

拓展阅读

中共中央办公厅 国务院办公厅印发
《关于进一步减轻义务教育阶段学生作业负担和校外培训负担的意见》

来源：经济形势报告网.《政策法规》（2022年02月09日）

为深入贯彻党的十九大和十九届五中全会精神，切实提升学校育人水平，持续规范校外培训（包括线上培训和线下培训），有效减轻义务教育阶段学生过重作业负担和校外培训负担（以下简称"双减"），现提出如下意见。

全面压减作业总量和时长，减轻学生过重作业负担

严禁给家长布置或变相布置作业，严禁要求家长检查、批改作业。

分类明确作业总量。学校要确保小学一、二年级不布置家庭书面作业，可在校内适当安排巩固练习；小学三至六年级书面作业平均完成时间不超过60分钟，初中书面作业平均完成时间不超过90分钟。

提高作业设计质量。发挥作业诊断、巩固、学情分析等功能，将作业设计纳入教研体系，系统设计符合年龄特点和学习规律、体现素质教育导向的基础性作业。鼓励布置分层、弹性和个性化作业，坚决克服机械、无效作业，杜绝重复性、惩罚

性作业。

加强作业完成指导。教师要指导小学生在校内基本完成书面作业，初中生在校内完成大部分书面作业。教师要认真批改作业，及时做好反馈，加强面批讲解，认真分析学情，做好答疑辅导。不得要求学生自批自改作业。

科学利用课余时间。学校和家长要引导学生放学回家后完成剩余书面作业，进行必要的课业学习，从事力所能及的家务劳动，开展适宜的体育锻炼，开展阅读和文艺活动。引导学生合理使用电子产品，控制使用时长，保护视力健康，防止网络沉迷。

提升学校课后服务水平，满足学生多样化需求

保证课后服务时间。引导学生自愿参加课后服务。对有特殊需要的学生，学校应提供延时托管服务；初中学校工作日晚上可开设自习班。

提高课后服务质量。为学有余力的学生拓展学习空间，开展丰富多彩的科普、文体、艺术、劳动、阅读、兴趣小组及社团活动。

拓展课后服务渠道。充分利用社会资源，发挥好少年宫、青少年活动中心等校外活动场所在课后服务中的作用。

做强做优免费线上学习服务。引导学生用好免费线上优质教育资源。

坚持从严治理，全面规范校外培训行为

对非学科类培训机构，各地要区分体育、文化艺术、科技等类别，明确相应主管部门，分类制定标准、严格审批。

严禁超标超前培训，严禁非学科类培训机构从事学科类培训，严禁提供境外教育课程。

积极探索利用人工智能技术合理控制学生连续线上培训时间。

大力提升教育教学质量，确保学生在校内学足学好

积极推进集团化办学、学区化治理和城乡学校共同体建设，充分激发办学活力，整体提升学校办学水平，加快缩小城乡、区域、学校间教育水平差距。

提升课堂教学质量。严格按课程标准零起点教学，做到应教尽教，确保学生达到国家规定的学业质量标准。

严禁下达升学指标或片面以升学率评价学校和教师。

强化配套治理，提升支撑保障能力

坚决压减学科类校外培训。合理利用校内外资源。鼓励有条件的学校在课余时间向学生提供兴趣类课后服务活动，供学生自主选择参加。课后服务不能满足部分学生发展兴趣特长等特殊需要的，可适当引进非学科类校外培训机构参与课后服务，由教育部门负责组织遴选，供学校选择使用。

点评： 在"双减"的背景下，我们要评估教育类创业应该在哪些地方可以发力，哪些地方不能碰。项目可行性分析必须首先进行项目的政策分析。

二、项目市场空间的大小

在初次进行创新创业尝试之后，可以了解市场空间（容量）的大小，这是我们创新创业尝试要达到的目的之一。项目市场空间的大小决定了我们的投资预算和发展规划。

比如，很多职校生原来做的创业项目就是家教。在国家推出"双减"政策之后，各地的教培项目都受到了严重的打击。有一部分机构就转入了"一对一"服务。坦率地说，这也是一个刚需市场。至少在一定时间内是一个刚需市场，但是，因为不符合国家政策，这个项目市场空间就会受限。

三、项目的竞争力

一个创意在经过实际运作尝试之后，可以对项目的市场竞争力进行细致的评估。这样可以使我们在进行正式创新创业时，掌握和了解自己的核心竞争力，有利于创新创业成功。

四、项目的可延续性

初次创新创业尝试后，对创新创业结果的评判可以帮助创新创业者确定该创新创业项目是否有延续的价值。无价值时就放弃，有价值可根据初次尝试结果进行完善。

五、项目的商业模式

商业模式是一个企业运作的核心特征，是一个企业区别于其他企业的关键点。初创项目在初次尝试之后，应该评估自己的商业模式是否合适，是否需要调整，这对此后的正式运作有很大影响。

六、评估创新创业团队领袖与核心成员

团队领袖是一个创新创业项目能否取得成功的关键，而这位领袖是否具备领导力，是否值得大家跟他一起努力，这是需要评估的。而创新创业团队核心成员也是一个创新创业项目能否成功实现的关键因素之一。因此，职校生创新创业者要对创新创业尝试中的团队成员进行评估。

团队领袖的评估内容，如表3-9所示。

表3-9 团队领袖评估表

评估内容	结果
判断领导力	

决策力	
敏锐力	
亲和力	
意志力	

团队成员的评估内容，如表 3-10 所示。

表 3-10　团队成员评估表

评估内容	结果判断
团队合作协调性	
岗位能力匹配性	
价值观的一致性	
性格能力互补性	
团队责任担当性	

人是创新创业的主体，人的因素是最重要的因素。但人无完人，特别是创新创业初始团队成员，都存在或多或少的问题。我们通过初始创新创业尝试，完成对创新创业领导者和团队初始创新创业成员的评估，有助于选拔适合的创新创业团队核心成员，这有利于创新创业项目的成功。职校生创新创业时往往容易在这一点上犯错误，影响同学间的感情。

案　例

股东的分歧

某职业院校有位学生创办了一家家教机构。成立之初，他邀请了 4 位同学入股，他出资 12000 元，占 60% 的股份，其他 4 人各出资 2000 元，分别占 10% 的股份。但是运营不到 2 个月，同学 A 以学习忙等各种理由不参与公司的经营活动，不关心公司的事情，坐享分红。这引起了其他股东的不满，最终，同学 A 撤资。

课后练习

1.快速尝试对创新创业者有没有必要？价值如何？

2.快速试错中的目标与实施方案有何关联？

3.通过快速试错希望达到什么目的？

4.对创新创业尝试结果的评估有助于你对项目的判断吗？

5.经过创新创业尝试后，你在创新创业团队中是否成为核心成员？

项目五　职校生组建团队和创办企业

导读

创业者在创新创业时不仅要把握好项目，也要知人善任，搭建好自己的团队框架。组建核心团队，使团队成员能够各司其职，充分发挥每个人的能力，达到最佳效果。当资金、团队、项目等各项资源能够协调顺畅时，再申办企业，从而事半功倍。

创办企业并不意味着创新创业者可以一劳永逸。如果说创办企业之前的努力是前奏，那么创办企业之后，才真正吹响了号角。创新创业者在创办企业后，必定会面临财务、管理、法律、技术等各方面的考验，只有不断进步，才能跟上快速发展的时代，才能让自己的经营合理合法，达到利人利己的目的。

之所以打破传统方式，把创新创业知识的学习放在本项目中来讲，就是想解决过去的创业教育方式在很大程度上没能提升学习者的创新创业能力及创业率的问题。

本项目提出的分类学习观点，就是想说明创新创业者没有必要在创新创业之初学习太多的企业管理的相关知识，只需根据自己在创新创业团队中的角色定位来选择学习的内容。因为一个人的精力是有限的，不可能无限制地学习，这种让团队每个人学习所有相同知识的做法是绝对不可取的。

知识目标

- 掌握组建创新创业团队的原则和方法；
- 熟悉申办企业的基本流程；
- 让创新创业者进一步明确自己在团队中的职责要求；
- 让创新创业者认识到在创新创业过程中应该学习的知识。

能力目标

- 掌握团队建设的关键问题和选人标准；
- 了解企业章程建立的重要性和关键点；
- 帮助创新创业者提升胜任职责的能力；
- 帮助创新创业者掌握在创新创业过程中应学习的职业技能。

案例导入

秀秀是毕业于一所职业院校营销专业的学生。毕业后，她与同学想创办一家公司。创办公司应该如何办手续呢？

她去找了一家中介公司，她觉得，找人代办方便多了。

但其实没有那么简单！

第一，她要把股东招在一起，开股东会。股东会要讨论企业的名字，要租赁办公场所，要做好分工，还要分配股权。

第二，谈到股权，更令人头疼。以往不成立公司好说，一旦真的要成立公司了，大家就要从自己的口袋里掏出真金白银，那就不是开玩笑了。

第三，要把股东的责、权、利明确好。这些都要在企业章程中写好，而且是办理营业执照时必须递交的。

第四，还要确定注册资金，每位股东还要确定投资比例。

秀秀在这个过程中真的收获很大，创业很不容易，创业真是大学堂！

点评： 当初次创新创业尝试成功后，我们就要准备开始正式的创新创业。正式创新创业的过程包括创新创业团队组建，商业模式确定，企业运营计划和流程的设计，企业名称的选择和申请，办理相关执照等。

任务一 组建创新创业核心团队

有人说："一个人可以走得很快，但一群人才能走得更远。"一个正式的创新创业项目仅靠一个人很难完成或者做大。因此，职校生创新创业如果想做大做强的话，必须组建一支创新创业团队。而团队的组建有几个关键点，比如，要强调价值观的一致性，也要强调知识、技能，甚至性格的互补性。

一、寻找价值观一致的人

团队建设中，最关键的是价值观一致。价值观不一致，很容易在合作中出现问题，比如，有的人看重长远利益，希望在几年内创造企业品牌，因此，特别注重营销团队、销售网络和客户群的建立；而有的人更看重短期利益，希望尽快收回投资，不希望在这些方面花费太多的资金；有的人是以创办上市企业为阶段性目标，在财务管理、税收各方面都十分规范；而有的人希望赶紧多赚钱，钱入口袋最好……这些都是价值观不一致造成的差异。所以，在成立团队时，一定要注重价值观的统一。

案 例

老王与老于

老王与老于原来是朋友，有一次，两个人一起合伙开公司了。他们的业务是大学生的生涯教育。

开始时，双方分工合作，业务开展得风生水起。跑市场的老王发现，市场上已经出现了高中生涯教育的产品了。老王觉得这是未来的发展趋势。于是，跟老于沟通是不是可以将业务扩展到高中。

老王想到的是，生涯教育是一门非常重要的课程，应该尽快将这门课程普及到高中阶段，让中国的学生们早一点接触到这门课程，尽早摆脱迷茫。然而，老于想的是，开辟一个新的市场投资大，不如把赚到的钱装入自己的口袋，所谓落袋为安。两个人在企业发展的方向上产生了分歧，最后，两个朋友因意见不一致，分道扬镳。

点评：这个案例中因两个人的价值观不一致出现了问题。这种问题在创业中十分常见。大家注意在组建团队时要注意避免。

二、注意团队成员的性格互补

一个团队是由多个成员组成的，除了负责人之外，还有其他的许多人。每个人都有自己的个性和性格特点，有的人外向，喜欢交际；有的人内向，偏向管理和研发；有的人比较激进，勇于冒险；有的人比较沉稳，相对保守……这些性格不存在好坏之分，如果能够让他们互补，就能确保团队的优势发挥。因此，组建团队时，如果条件允许的话，要尽量注意团队成员性格上的互补。

案 例

性格互补的团队

聂阳毕业于某农业大学，他从大三开始，就跟随导师做林下植被修复研究。过程中，他跟老师一起试种了赤松茸，无意当中发现这是一个林下经济的非常好的项目。毕业后，他就邀了几个好友一起创业。他们的分工如下。

聂阳：项目总负责人，性格外向，懂技术，喜交际，负责全面工作，尤其是市场开拓。

张茅：技术负责人，性格中性，技术娴熟，不善言谈，负责种植技术和生产。

李欣：财务负责人，性格内向，好静，学的财会专业，精于算账。

周文：行政负责人，性格沉稳，做事老练，负责公司内部管理和人才招聘。

他们几个人性格互补，搭配得当。大家合作得非常开心，公司氛围和谐、轻松。

点评：团队成员的性格互补也是创新创业成功的重要因素。聂阳团队的成员在性格上能够互补，这样就可以确保他的公司业务发展顺利。

三、注意核心岗位成员的能力匹配

核心团队成员不是一般的员工，他们一般都要独立负责某一块业务，如技术、财务、销售、运营等。因此，这些成员的能力要与其岗位尽量匹配，以免影响公司的发展。

四、明确核心成员的责任和担当

在分工之后，要明确每个人的责任和担当，只有敢于担当的人才是好的创新创业团队成员。总是推卸责任或者找各种理由的人，不适合做团队核心成员。

五、建立高效团队

新创企业的管理，实际包含公司组织、生产服务、市场营销等几个方面，新创企业的管理重点一般会落在生产管理、市场、服务等环节上，会忽视团队的建设与管理。这种做法是不科学的。如何管理创新创业团队呢？主要有以下几点。

（一）注重团队的凝聚力

团队的凝聚力是指团队成员之间为实现共同目标而团结协作的程度，凝聚力表现在人们的个体动机行为对群体目标任务所具有的依赖性、依从性乃至服从性上。在创新创业过程中，团队所有成员都认同整个团队是一股密切联系而又缺一不可的力量。团队的利益高于成员的利益，如果团队成员能够为团队的利益而牺牲自己的小利时，团队的凝聚力会加强。

（二）合作第一

在创新创业团队中，虽然每一位成员都可以独当一面，但是合作仍然是团队成员首先要学会的东西。成功的创新创业公司中，团队的成功远远高于个人的成功，创新创业者与团队核心成员相互配合，共同激励。

（三）致力于价值创造

团队的每一位成员都致力于价值的创造，大家想尽办法解决问题，一旦决策方案被提出，大家都会执行，每一位成员在公司的成长期到成熟期的过程中，都尽力做好。

在这一过程中，各成员不但获得了丰厚的物质回报，个人的技能也得到提升。

（四）分享成果

在新创企业中，一般的做法是将公司的股份预留出 10%～20%，作为吸引新成员的股份，团队中不仅包括资金的分享，还要有理念、观点、解决方案的分享。

（五）重视绩效考核

绩效考核是指评估者和被评估者提供所需要的评价标准，以便客观地讨论、监督、衡量绩效。绩效管理可以使团队成员明确自己的职、责、权与团队的目标和计划，明确自己的角色与承担的工作，同时也可以根据自己的价值对自己的薪资产生期待。

关于团队中的角色扮演，一般是在团队中承担的不同责任，根据职、责、权来划分不同的角色。在团队中，扮演好自己的角色至关重要，这涉及团队的运作效率以及核心凝聚力。

（六）充分发挥决策者的作用

决策者的角色一般由拥有者承担，他们不但对问题进行决策，而且承担决策产生的后果。在公司做出每一项重要的决策时，决策者通常都会召集团队成员讨论解决方案。作为团队中的决策者，如果大家的意见与决策者的不同，就应该分析方案的可行性，并对方案进行修改。决策的主要内容是公司发展的长期目标与一定阶段的计划，还有一些是与公司发展相关的重大决策。

（七）明确执行者的任务

执行者是根据公司制定的业务计划和目标，从职能领域安排自己的工作和计划，细化、量化自己的工作，具体执行决策者的决策。

在新创企业中，有时会遇到团队成员职、责、权混淆的情况，就需要制定出规范化的企业制度保证团队成员的工作；而且企业的拥有者也应该时刻牢记自己的角色分配，需要明确的是，决策者的角色并不是一成不变的，决策者应首先从一个执行者要求自己，只有当自己完成方案时，才能将方案交给其他执行者去执行。

扩展阅读

我们说好不分手：合伙人的选择

1.什么人才能成为合伙人

一般来说，既有创新创业激情，又有创新创业能力，还具备创新创业心态，并且有 3 ~ 5 年全职投入的人，才可能成为公司的合伙人。也就是说，合伙人是在公司未来一个相当长的时间内能全职投入的人。

2. 哪些人不应该成为公司的合伙人

（1）资源承诺者：很多创新创业者在创新创业早期，可能需要借助很多资源为公司发展铺路，这个时候最容易给早期的资源承诺者许诺过多股权，把资源承诺者变成公司合伙人。创新创业公司的价值实现需要整个创新创业团队长期投入时间和精力，对于只是承诺投入资源，但不全职参与创新创业的人，建议优先考虑项目提成，谈利益合作，而不是股权绑定。

（2）兼职人员：对于技术好但不全职参与创新创业的兼职人员，最好按照公司外部顾问标准发放少量股权，一个人不全职投入公司的工作就不能算是创始人。对任何边干其他全职工作、边帮公司干活的人，最好让他们只拿工资，不得股权。

（3）天使投资人：创新创业投资的逻辑是投资人投大钱占小股，用真金白银买股权；创新创业合伙人投小钱占大股，通过长期全职服务公司赚取股权。简而言之，投资人只出钱，不出力；创始人既出钱（少量钱），又出力。因此，天使投资人股票购股价格应当比合伙人高，不应当按照合伙人标准低价获取股权。

（4）早期普通员工：公司创办早期要慎重给普通员工发放股权。一方面，公司股权激励成本很高；另一方面，激励效果很有限。在公司创办早期，给一个员工 5% 的股权，对员工可能起不到激励效果，甚至他们还认为公司是在忽悠、画大饼。但是，如果在创办中后期（比如，B 轮融资后）给员工发放激励股权，可能 5% 股权就解决了 500 人的激励问题，且效果好。

此外，合伙人的进入是以一定比例的股权取得为前提和结果的，因此，怎么设计创新创业公司合伙人的股权分配与取得就变得很重要。

（1）股权分配设计的目标。有两点必须注意：①如何利用一个合理的股权结构保证创始人对公司的控制力。②通过股权分配帮助公司获取更多资源，包括找到有实力的合伙人和投资人。

（2）股权分配规则尽早落地。许多创新创业公司容易出现一个问题，在创新创业早期大家一起拼，不考虑各自占多少股份和怎么获取这些股权。等公司的"钱"景越来越清晰，公司可以看到的价值越来越大时，早期的创始成员会越来越关心自己能够获取到的股份比例，而如果在这个时候再去讨论股权怎么分，很容易导致分配方式不能满足所有人的预期，导致团队出现问题，进而影响公司的发展。

（3）股权分配机制要有预见性。一般情况下，参与公司持股的人主要包括公司合伙人（创始人和联合创始人）、员工、外部顾问及投资方。在创新创业早期进行股权结构设计时，要保证股权结构设计方便后期融资、后期人才引进和激励。

当有投资机构准备进入时，投资方一般会要求创始人团队在公司的股权比例中预留出一部分股份作为期权池，为后进入公司的员工和公司的股权激励方案预留，以免后期稀释投资人的股份。这部分作为股权池预留的股份一般由创始人代持。

（4）必须进行股权绑定。创新创业公司股权真实的价值是所有合伙人与公司长期绑定，通过长期服务公司赚取股权。股权绑定期最好是 4～5 年，任何人都必须在公司做够起码 1 年才可持有股权（包括创始人），然后逐年兑现一定比例的股权。

合伙人的退出是以股权的退出为标志和结果的。为避免错误地选择合伙人，应在开始时设计好合伙人股权退出机制。

任务二　申办企业

经过试错和评估，已经确定创业者选择的创新创业项目是正确的，创业者也确定了团队的核心成员。接下来，就要开始继续创新创业活动了，这就是申办企业。

这里主要介绍的是，在工商局办理工商执照的过程，公益性创业的机构登记可参照此程序，根据民政部门的相关规定办理。

企业申办的流程大致如下：

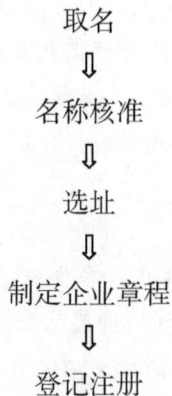

取名

⇩

名称核准

⇩

选址

⇩

制定企业章程

⇩

登记注册

一、取名

任何公司都要有一个名字，这个名字怎么取是要创始人自己来定的。根据《企业名称登记管理规定》，公司名称由四部分构成。

（1）行政区划：你打算在哪个区域办公司，比如，在北京办公司，公司的名称就必须加上"北京"的区划。如果想用中国或中华的区划，则必须到国家工商总局申请。

（2）字号：字号对公司来说是很重要的，既要朗朗上口，又要符合公司的理念，还要符合规定。国家对字号的选用有一定限制，比如，不能跟别的公司重名，有些人名、地名不能用于字号等。

（3）行业类别：行业类别也是很重要的。这主要取决于我们打算在哪个行业发展。行业类别不是我们自己想象的，是工商行政部门规定的。我们要从中选择符合我们创新创业企业类别的行业去注册。

（4）公司性质：主要是根据《中华人民共和国公司法》的分类，有一人独资企业、合伙企业、有限责任公司、股份有限公司及外资企业等。

取名需要到工商局（有的地区可以网上办公）进行名称核准。有时我们选择的某个名称在核准时不能通过，所以一般要准备 3 ~ 5 个名称备选，以免浪费时间。

名称核准后的有效期为 3 ~ 6 个月。在此期间内，其他人不能使用这个名称。

当前我国还有一些行业有准入门槛，达不到门槛的行业不准登记注册。也就是说，有许多行业需要先由行业主管部门审批，只有得到前置审批许可，工商局才可以办理工商登记手续，否则不可以创办相关企业，这些行业属于前置审批行业。因此，职校生准备申办企业时，要先行了解哪些行业属于"前置审批"行业（各地工商局有相关资料，不需特别准备），比如，幼儿园的办学资质审批就要先通过教育部门的审批，拿到办学许可才可以申办营业执照。

国家市场监督局已经开始了"先证后照"的改革。也就是说，即使是这些前置审批的行业，目前也允许工商部门现行办理营业执照，然后再去相关行政部门办理行业许可证。但在行业许可证下发之前，不得从事相关经营活动，而可以从事营业执照规定的其他业务。

二、选址

选址是创新创业者在创新创业初期要做的主要工作之一。不同的地段、不同的地址，租金相差很大，经营成本也不一样，只有根据企业的性质，亲力亲为，才能更好地完成这项工作。比如，是选在家里注册还是进各地创新创业孵化园？当我们准备创办企业时，可以了解当地的相关政策，看看自己的创新创业项目是否符合创新创业孵化园的入园条件，如能入园，则可以省去一笔费用，并且可享受到园内各种优惠政策。

三、制定企业章程

不管是自己办手续，还是委托中介，企业章程都必须由创新创业团队自己制定。

许多大学生不知道企业章程的重要性，往往在工商局下载固定格式的企业章程，非常草率地递交给工商局，这就为今后发展埋下隐患。

企业章程是企业的"宪法"，股份分配、股东的责权利、股东进入和退出的条件、违约责任、股份转让的相关规定、股东会与执行团队的关系等都应该先确定下来。

企业章程的基本架构如下：

（1）公司的名字；

（2）公司成立的目的；

（3）公司的经营方针；

（4）公司的股东构成和股份分配；

（5）公司的股东权益、责任和义务；

（6）公司股东进入和退出的条件；

（7）公司股东违约责任；

（8）公司股份转让的相关规定；

（9）公司董事会、股东会、监事会的组成和作用；

（10）公司清算办法。

四、制订员工招聘计划

创新创业者还要考虑招聘员工，因此要制订招聘计划。所谓的招聘计划，就是根据工作流程确定各个岗位的人数及岗位工作要求。创新创业者不可能自己什么都懂，也没必要什么都懂，只要在关键部门选择好适合的人就行。

一个企业重要的部门有财务、人力资源、生产研发和营销部门。创新创业者要亲自过问这些部门负责人的人员招聘计划，也可委托专业招聘公司协助，但尽可能根据本公司的工作性质和产品（服务）特征确定用人标准。

五、申办企业

申办企业是创新创业者从 0 到 1 的最后一个步骤。这一步的完成标志着创新创业者以法律形式确定了自己的社会地位。

自 2014 年开始，国家工商总局对公司注册的相关门槛进行了较大的改革，其中，最有力度的是企业注册资金从原来的"实缴制"改成了"认缴制"，注册地也允许在居住性用房内注册。这将大大减轻创业者的创业门槛。

目前申办公司，各地都有固定流程，不需要花费太多的时间。省心的方法是找个中介机构代理。不愿找中介机构的，可以自己去办事大厅，登记机构实行一站式服务，开业手续办理比较简便，不需过多学习。但尽管如此，企业的取名、选址、章程起草还是需要我们亲力亲为的。

拿到名称核准通知、股东们签署企业章程之后，带着办公场地使用证明（含房屋租赁合同，或自家用房使用许可）就可以到工商局去办理登记手续。

"双创"的到来也给企业登记注册带来了巨大的变革。例如，现在将原来归属工商的营业执照、归属税务的税务登记证、归属质监部门的组织机构代码证、归属人力资源部门的社会保险登记证和归属统计部门的统计登记证 "五证合一"。这给创业者带来了很大的便利。

案 例

如何走好创业第一步

小李和小王毕业于同一所职业学校。在校时，他们参加了创新创业大赛，对毕业后当老板非常憧憬。毕业时，两人商量着一定要办一家公司，自己当老板。

小李学的是平面设计专业，平时喜欢写写画画，设计的一些东西还获过奖。小王学的是营销专业，没什么特长，但是为人热情，喜欢结交朋友，"嘴皮子"还厉害。

两个人一合计，先办一个"广告公司"，于是乎，急匆匆地跑去工商局登记。没想到，工商局问他们办什么公司。他们回答不出来，原来连公司名字都没有想好。

他们只好悻悻而回。整整一下午，他们想了好几个名字，但一一都被否了。最后选好了一个，但是上网一查别人注册了。就取个名字都花了一天多，这创业还真难！

第二天，他们只好去找老师请教。老师告诉他们，一般要选 4～5 个名字。所谓的名字就是字号，就是以后自己的品牌。而公司取名也不能乱取，也要符合规定。老师建议他们去看一下国家颁布的《企业名称登记管理规定》，不要违反了相关规定耽误审批。这下小李和小王才知道，创业还有很多东西要学呀！

在老师的帮助下，他们终于取了一个中意的名字，开始了创业的第一步。

创业者完成以上几步后，也就完成了从 0 到 1 创业的过程。接下来要做的事还有更多。

创业者应具有较强的学习能力。在创业的过程中会遇见各种从没有想过的困难，一个个问题摆在自己面前时，必须学会面对和解决，不懂就学习。不断学习在创业过程中应该是常态。

比如，在企业初创时期，要多了解市场，学习营销知识，做好市场调研；负责技术，需要对相关技术背景进行了解，尤其是职校生创业者，自己对某一技术的了解原来完全是基于理论，现在要投入实际使用，是不是适合，这需要技术负责人多做了解；公司创办起来之后，除技术、市场等，还有办公室管理、人才招聘、财务管理等需要创始人过问，所以这方面的知识也是要学习的；在融资阶段，商业计划书、融资的途径和注意事项要多做了解；经营时，要学习各种相关法规，包括经济合同法、劳动合同、税法，合理避税及税收优惠办法等。国家、区域及产业政策的调整等，都需要及时了解和学习。

创业是一个系统工程，它要求创业者在企业定位、战略策划、产权关系、市场营销、生产组织、团队组建、财务体系等一系列领域有一定的知识积累。职校生要进行自主创业，只学专业知识是不够的，还必须做好创业的相关知识储备。当然，职校生在校期间不可能全面了解或者准备好创业所需的各种知识，我们强调的是要了解相关知识，并且在今后创业的过程中，逐步学习相关知识。同时，在组建创业团队时，要注意各方面人才的合理搭配。

任务三　管理知识

所谓管理，是一个组织在其各种活动中，根据组织内部的活动规律，通过对组织活动进行有效的决策、计划、组织、指挥和协调，使组织内的人力、物力、财力等各种资源得以优化组合，充分发挥组织内资源的最大效用，从而实现目标。

通过学习相关管理知识，改进管理方法，丰富管理经验，不断发掘新的管理资源，努力提高管理水平。管理知识涉及人事管理、资金财务管理、物资管理、生产运营管理、市场营销管理等。

要注意的是，每个公司有每个公司的特点，不同产品和服务都有与众不同的地方，因此，创业者要根据自身企业的特点，选择不同的管理模式，明确企业的工作流程，按照自己企业的工作流程设计岗位、确定岗位责任、人员招聘和考核标准，制定相应的绩效考核办法，以实现最优管理。管理没有固定的模式，任何别人的经验都只能供你参考。最好的管理就是最适合本公司的管理，千万不要迷信名企、专家，要结合自己企业的特点来活学活用管理学知识，管好公司。

公司的管理就是要制定公司的管理制度，慢慢形成自己的企业文化。传统企业和互联网企业不一样，不过，下面我们主要介绍各公司共有的特点，这也是进行管理必备的制度。

一、考勤制度

考勤制度就是管理员工上下班的制度。公司一般都要严格规定上下班时间，迟到、早退要处罚，加班管理要规范。有的单位基于工作性质，也采取弹性工作制，以任务或目标为考核办法。

考勤制度的制定应该遵守《中华人民共和国劳动法》，比如，每周5天工作制，每天8小时，节假日加班按规定补休或支付2倍、3倍工资等。法定节假日休息，婚假、探亲假及女性产假等，均要进行规范。

二、绩效制度

绩效考核是一个单位最重要也最难制定的制度。其原则是要通过绩效考核达到奖勤罚懒、促进企业发展的目的，所以应该认真对待。

绩效考核有多种形式：①高薪＋福利；②底薪＋高提成；③高薪＋绩效；④薪酬＋股份（期权）。企业采取哪种模式，应该由企业根据自己的特点和阶段来安排。

一般来说，销售岗位采用"底薪＋提成"的比较多，也最合理。管理岗位采用"高薪＋福利"或者"高薪＋股份（期权）"的比较多。软件开发企业对核心工作成员采用较多的也是"高薪＋股份（期权）"的方式；其他岗位采用"高薪＋绩效"较多。

（1）高薪＋福利——是指薪酬标准比其他岗位高，但是不享受绩效，只考虑偏高的福利，主要对行政人员或高管。

（2）底薪＋高提成——主要针对销售人员或项目承包人员。底薪确保他们的基本生活，但是高额收入来源于他们自己的工作业绩。可以采用奖励部分"上不封顶、下不保底"的考核方法。在制定提成标准时，应把各种因素考虑进去。

（3）高薪＋绩效——主要针对关键岗位的技术人员和部门管理者实行高薪的绩效管理办法，确保他们衣食无忧。同时，对他们完成的任务或领导团队完成的任务进行奖励。

（4）高薪＋股份（期权）——对特别重要和特别关键岗位的员工要考虑"高薪＋股权激励"的办法。

三、办公室管理制度

办公室是一个公共场所，要建立良好的办公室文化。比如，禁止吸烟、禁止打架斗殴、不准干私活、注意保持整洁卫生和安静等。

这些制度是为了培养大家的职业精神，为大家营造一种良好的工作氛围。但是，这既不能像自由市场那么随意，也不能弄得大家整日紧张兮兮，没有乐趣。所以，办公室制度的制定很有讲究，没有统一标准。这跟企业文化、企业产品、企业服务、工作性质有关。

如果是研发性的企业或者编辑工作，安静是第一要义，时间的弹性掌握也是重要的一环。如果是医院或学校，安静也是必需的，但是大家的时间观念必须非常强。

四、保密制度

每一个公司都有自己的商业秘密。遵守公司的保密制度也是一个职业人必须养成的职业素养之一。保密制度涉及公司发展战略的保密、公司核心技术机密的保密和公司重要客户档案及合同的保密等。对此，企业要做出明确的保密规定，规定违背这一制度的后果。

任务四　财务知识

了解财务知识可以帮助创业者更好地量入为出、降低成本、掌控风险，是创业者必须掌握的知识。

它主要包括资金筹措和运用管理、财务报表制作和阅读（如资产负债表、现金流量表）、成本管控和定价策略、企业财务内部管理知识等。

企业财务管理中，会计人员需要进行会计记账和现金出纳、银行转账等工作；要负责每月的报税、发票的开具等工作。除此之外，财务负责人要负责财务相关制度的制定，包括差旅费报销标准、费用审核报销制度、工资奖金、福利发放制度及发票的使用规定等。

一、资金筹措和运用管理

财务知识中，很关键的一个知识是资金的筹措和运用管理。适当的资金筹备是必要的。企业管理很关键的一点就是资金筹备。

现金是企业的生命线！任何企业都必须备有一定数量的现金。

企业就需要追求合理利润，没有利润，企业就无法持续。

企业何时需要钱？需要多少钱？账面上是钱多好还是有足够流动的钱就行？这些都是企业财务负责人需要思考的问题。

因此，企业财务工作不是简单的记账，更重要的是进行资金的筹措和管理。

二、财务报表的制作和阅读

财务报表主要是三大表：资产负债表、现金流量表和收益表。

（一）资产负债表

资产负债表是反映企业在某一特定日期（如月末、季末、年末）全部资产、负债和所有者权益情况的会计报表，是企业经营活动的静态体现。它根据"资产＝负债＋所有者权益"这一平衡公式，依照一定的分类标准和一定的次序，将某一特定日期的资产、负债、所有者权益的具体项目予以适当的排列编制而成。其报表功用除了企业内部除错、经营方向、防止弊端外，也可让所有阅读者于最短时间了解企业经营状况。

创业者尤其是项目负责人必须学会看懂这个报表。其阅读方法如下。

首先，浏览资产负债表主要内容，由此会对企业的资产、负债及股东权益的总额及其内部各项目的构成和增减变化有一个初步的认识。

其次，对资产负债表的一些重要项目，尤其是期初与期末数据变化很大，或出现大额红字的项目进行进一步分析，如流动资产、流动负债、固定资产、有代价或有息的负债（如短期银行借款、长期银行借款、应付票据等）、应收账款、货币资金以及股东权益中的具体项目等。

最后，对一些基本财务指标进行计算，计算财务指标的数据来源主要有以下几个方面：直接从资产负债表中取得，如净资产比率；直接从利润及利润分配表中取得，如销售利润率；同时来源于资产负债表、利润及利润分配表，如应收账款周转率；部分来源于企业的账簿记录，如利息支付能力。

这样就可以对企业在一定时间内的经营情况做初步的了解。

（二）现金流量表

现金流量是指企业在一定会计期间按照现金收付实现制，通过一定经济活动（包括经营活动、投资活动、筹资活动和非经常性项目）而产生的现金流入、现金流出及其总量情况的总称。简言之，就是企业一定时期的现金和现金等价物的流入和流出的数量。这是衡量企业经营状况是否良好，是否有足够的现金偿还债务，资产的变现能力等的标准。因此，现金流量是非常重要的财务指标。

（三）收益表

收益表亦称"损益表"，是反映会计期间的收入、支出及净收益的会计报表。

收益表的编制以收入与费用的配比原则为基础，即将某一会计期间的营业收入与应由当期收入摊销的费用（包括非常项目和非营业损益净额）相配比，以正确决定当期的净收益。

常见的收益表格式有多步式和单步式。

（1）多步式收益表是先从销货收入减去销售成本算出销售毛利，再从销售毛利中减去营业费用得营业净收益，用营业净收益加营业外收入，减营业外损失得税前净收益，从税前净收益中减去所得税最后求得净收益。

（2）单步式的收益表是将本期所有的项目分为收入和费用两部分，各种收入之和减去所有费用一次得出净收益。

收益表的恒等式为：净收益（或利润）＝总收入－总支出

三、成本核算和定价知识

（一）成本意识

成本意识是创新创业者需要掌握的核心意识。创业需要盈利，盈利才能实现可持续经营。很多大学生甚至老师，创新意识很强，但创业意识不足，对成本的把控不严，这样容易把企业办垮。

成本包括原材料购置成本、生产加工成本、研发成本、管理成本、营销成本、财务成本等。

1. 原材料购置成本

任何生产活动都需要有原材料。比如，制造业需要的各种钢材的购置费用就是原材料成本。

2. 生产加工成本

有了原材料，就需要把它们加工成我们需要的产品，这个过程也需要费用。比如把钢材加工成我们需要的产品，这个过程要花费水、电、人工等，这就是成本。

3. 研发成本

每个企业都需要进行一定的研发，有的时候研发是企业核心的竞争力，这个成本周期较长，投入较多，而且容易失败。因此，研发成本我们必须重视。

4. 管理成本

企业的管理需要人员投入，管理也需要花费费用，比如团建、招聘等，这都是成本，一般情况下，管理成本约占公司整体成本的20%以上。

5. 营销成本

产品需要销售，销售需要人员和差旅，甚至还要做广告，还有销售费用，这些都属于营销成本。

6.财务成本

任何企业都需要资金。资金可以是自有资金，也可以是借贷资金，资金借贷需要支付利息，有时甚至是高额利息。即使是自有资金，如果存入银行，还有利息收益，如果用于购置证券，还可以有证券收益。所以，财务成本也是很重要的一个成本。另外，还有税收等，这也是企业的成本之一。

有时为了简便，可以简单地将成本分为直接成本和间接成本，这些概念一定要清楚。①直接成本：企业生产经营过程中直接用于生产过程的各项费用。原材料、备品配件、外购半成品、生产工人计件工资通常属于直接成本。②间接成本：与生产产品和服务难以形成直接量化关系的资源投入成本，主要包括管理费用、营销费用、车间管理人员的工资、车间房屋建筑物和机器设备的折旧、租赁费、修理费、机物料消耗、水电费、办公费等。

（二）定价策略

定价策略是关系到企业能否盈利的重要因素。定价的目标是促进销售，获取利润。这要求企业既考虑成本的补偿，又考虑消费者对价格的接受能力，从而使定价策略具有买卖双方双向决策的特征。通常，定价的方法有如下几种：折扣定价、心理定价、差别定价、地区定价、组合定价、新产品定价，还可以分为成本导向定价法和需求导向定价法。

1.成本导向定价法

（1）成本加成定价法：在用成本加成方式计算价格时，对成本的确定是在假设销售量达到某一水平的基础上进行的。

这种方法的优点是：首先，简化了定价工作，便于企业开展经济核算；其次，若某个行业的所有企业都使用这种定价方法，他们的价格就会趋于一致，因而价格竞争就会减到最少；再次，在成本加成的基础上制定出来的价格对买方和卖方来说都比较公平，卖方能得到正常的利润，买方也不会觉得受到了额外的剥削。

成本加成定价法一般在租赁业、建筑业、服务业、科研项目投资以及批发零售企业中得到广泛的应用。即使不用这种方法定价，许多企业也多把用此法制定的价格作为参考。

这种定价法的缺点是：若产品销售出现困难，则预期利润很难实现，甚至成本补偿也变得不现实。

（2）目标收益定价法又称投资收益率定价法：是根据企业的投资总额、预期销量和投资回收期等因素来确定价格。

与成本加成定价法类似，目标收益定价法也是一种生产者导向的产物，很少考虑到市场竞争和需求的实际情况，只是从保证生产者的利益出发制定价格。对于需求比较稳定的大型制造业，供不应求且价格弹性小的商品，市场占有率高、具有垄断性的商品，以及大型的公用事业、劳务工程和服务项目等，在科学预测价格、销量、成本和利润四要素的基础上，目标收益法仍不失为一种有效的定价方法。

（3）边际成本：是指每增加或减少单位产品所引起的总成本的变化量。由于边际成本与变动成本比较接近，而变动成本的计算更容易一些，所以在定价实务中多用变动成本代替边际成本，所以边际成本定价法也可称为增量分析定价法。增量分析定价法大致适用于三种情况：①企业是否要按较低的价格接受新任务；②为减少亏损，企业可以通过降价争取更多任务；③企业生产互相替代或互补的几种产品。

2.需求导向定价法

需求导向定价是指按照顾客对商品的认知和需求程度制定价格，而不是根据卖方的成本定价。这类定价方法的出发点是顾客需求，认为企业生产产品就是为了满足顾客的需要，所以产品的价格应以顾客对商品价值的理解为依据来制定。

需求导向定价的逻辑关系是：价格－税金－利润＝成本

需求导向定价的主要方法包括认知价值定价法、反向定价法。

（1）认知价值定价法。这是利用产品在消费者心中对价值的理解程度来确定产品价格水平的一种方法。消费者对商品价值的认知和理解程度不同，会形成不同的定价上限，如果价格刚好定在这个限度内，那么消费者既能顺利购买，企业也将更加有利可图。

（2）反向定价法。所谓反向定价法，是指企业依据消费者能够接受的最终销售价格，计算自己从事经营的成本和利润后，逆向推算出产品的批发价和零售价。这种定价方法不以实际成本为主要依据，而是以市场需求为定价出发点，力求使价格为消费者所接受。

四、企业财务管理制度的建设和实行

（一）财务报销制度

这是一个很多人都会遇见的问题，职校生非常欠缺此类知识。财务报销制度的制定主要遵循以下原则：

（1）报销办法要规定清楚，并且传达给每一位员工；

（2）报销必须凭正式发票；

（3）报销必须有标准，公司应该制定各类各级人员的报销权限和标准，如请客招待标准；

（4）报销必须经相关人员审核，如主管领导和财务领导审核等。

（二）差旅报销标准

不同性质和规模的公司有不同的差旅报销标准，不同级别的员工出差报销标准也不尽相同。这需要创业者根据自己公司的规模和特点进行具体对待。常见的差旅报销标准分类有以下几种：

（1）规定出差乘坐交通工具的标准；

（2）规定出差住宿标准；

（3）规定出差补贴标准；

（4）规定出差报销的办法。

（三）发票使用管理办法

发票是指一切单位和个人在购销商品、提供或接受服务及从事其他经营活动中所开具和收取的业务凭证，是会计核算的原始依据，也是审计机关、税务机关执法检查的重要依据。因此，我们要慎重对待发票的使用。创业者需要了解：①规定发票使用申请审批办法；②规定发票作废的办法；③规定发票领取办法。相关具体内容创业者可以向注册地所属税务部门了解。

（四）规定应收账款的催缴办法

经营企业免不了存在收账款的情况。企业制度不同，支付、催缴账款的时间及方式也会有区别。对此，创业者应该在企业经营之初明确规定催缴应收账款的相关方式，以免真正发生问题时临时抱佛脚。创业者可以制定诸如按时催缴应收账款的奖励办法，死账的核实及处罚办法，超时回收应收账款的处罚办法等，保障企业运营的顺畅。

（五）规定采购管理办法

企业运作需要消耗各类用品，包括运作设备、办公物品及其他需求。我们要注意的是，企业运作消耗不可避免，但采购相关产品，尽量实用经济，以节约企业成本，因此，创业者还要规定采购审批、管理办法。包括采购办公用品的流程及审批办法，采购大型设备的流程及审批办法，采购原材料的流程及审批办法，采购其他物品的流程及审批办法。

任务五　营销知识

简单地说，营销就是把企业和产品推销给消费者。营销涉及的内容包括市场环境分析、目标市场选择、产品的确定和开发、定价、销售模式和促销手段，可提供的服务及它们之间的协调配合等，只有进行最佳组合，才可以更好地满足消费者的需求，实现企业经营目标。

营销特别需要懂得关心客户，为客户着想，了解产品，喜爱自己销售的产品。水无常形，营销也无定式。最好的营销是能够创造市场的营销。发现需求、创造需求的能力就是营销的最高境界。

一、满足客户需求

最大可能地满足客户合理需求是销售的根本。"客户是上帝"，这句话任何销售人员都应该牢记。企业要把重视顾客放在第一位，强调创造顾客比开发产品更重要，满足消费者的需求和欲望比产品具备齐全的功能更重要。企业不能仅卖企业想制造的产品，更要提供顾客确实想买的产品。

二、诚信

诚信极其重要。人以诚信为本，企业以诚信立命，销售特别要注重诚信。与诚信密切相关的就是信守承诺。这句话说起来容易，做起来却很难。不少人为了一份订单，可能会轻易地对客户做出不切实际的承诺，这是不妥当的。

三、成本意识

销售人员一定要有成本意识，成本意识不是简单的生产成本意识，而是包括生产、设计、推广、销售和税收等在内的所有直接、间接成本的总和。在扣除所有成本之后，我们的产品还有利润，那就没问题了。

四、熟悉产品

我们可能都有这种经历，一进商场，就有众多的产品导购员积极地向你推销产品，这些人对产品的相关知识一般都非常熟悉。只有熟悉产品，才具备销售产品的基本条件。

一个优秀的创业者，要比自己的员工更熟悉、更热爱自己的产品，只有这样，才能把你对产品的感情传递给员工和消费者，才能确保企业的正常运营并获得利益。不光是我们自己熟悉产品，还要帮助员工熟悉产品，因此，创业者还要准备产品的宣传材料、培训材料、招商材料等。

任务六　相关法律知识和产业行业知识

在市场经济飞速发展的今天，我国鼓励公民尤其是大中专学生自主创业，每个创业者在企业的创办、发展过程中会遇到很多法律问题。要想在一个公平和谐的环境中竞争和发展，创业者必须了解国家关于企业创办、企业运营、企业终止的相关法律法规，它们是规范公民和企业经济行为的准则，具有权威性、强制性、公平性。

一、注册新创企业时涉及的相关法律法规

（一）企业法

企业法相关基本内容有《中华人民共和国公司法》《中华人民共和国个人独资企业法》《中华人民共和国合伙企业法》《中华人民共和国个体工商户管理条例》《中华人民共和国中外合资合作企业法》《中华人民共和国乡镇企业法》等。

（二）《公司登记管理条例》

《中华人民共和国公司登记管理条例》是公司设立、年检、注销必须遵循的法规。

二、企业运营期间涉及的相关法律法规

企业运营期间，在用工及合同，企业纳税，企业运营管理，企业知识产权中涉及的相关法律法规大致汇总如下。

（一）经济类法律

1.《中华人民共和国民法典》

《中华人民共和国民法典》是规范市场交易的法律，是民事主体进行经济活动所遵循的主要法律。合同涵盖的内容广泛，不仅商品交易需要订立合同，涉及公司的股权交易、知识产权交易、物权变动等事项也均需有合同保障。

公司必须进行经营活动，要进行经营活动，就必须与外界接触，因此，《中华人民共和国民法典》中相关内容必须知晓。

（1）合同中应该约定什么。

（2）签约后的守约义务和违约应承担的责任。

（3）合同实现的条件应明确规定。

（4）合同中要明确规定约定事项——包括验收标准、时间等。

（5）合同签署的原则——对等原则、公平原则、守法原则、可实现原则。

①对等原则——双方的权利和义务要对等；

②公平原则——不公平的合同在执行中肯定会出现问题；

③守法原则——不合法的合同得不到法律的保护；

④可实现原则——实现不了的合同没有价值。

（6）对方违约时，对己方利益的保护。

2. 税收类的法律

企业作为最重要的纳税义务人，在缴纳税款的时候要遵守《中华人民共和国增值税法》《中华人民共和国企业所得税法》《中华人民共和国个人所得税法》《中华人民共和国税收征收管理法》等法律。

3. 劳动关系类法律

企业作为用人单位要遵守《中华人民共和国劳动法》《中华人民共和国劳动合同法》以及相关的配套法规的规定。

（1）招聘员工要签署劳动合同，不签署劳动合同的，处以罚款。

（2）试用期不能单独签试用期合同，要在劳动合同中包含试用期合同。

4.《中华人民共和国会计法》

会计法，是以处理会计事务的各种经济关系为调整对象的法律规范的总称。会计事务是国家对各种社会组织的经济活动和财务收支进行分析、检查的经济管理活动。会计法规一般包括会计准则、成本核算准则、财务报告制度、会计制度等。

（二）知识产权类的法律

企业由于拥有自己的产品或者服务注册商标，有自己的商业秘密和专利技术，从而涉及《中华人民共和国商标法》《中华人民共和国专利法》《中华人民共和国反不正当竞争法》。我们鼓励职校生要多进行智慧型创业，那就必须了解《中华人民共和国知识产权法》《中华人民共和国著作权法》《中华人民共和国软件著作权法》和《中华人民共和国商标法》。把自己的创新创造申请专利保护，用这些知识产权就可以获得股权，这样的创业不仅没有风险，还极具优势，可以满足我们的创新欲望，实现我们的人生价值。

1. 知识产权

知识产权简单地说就是专利权，包括三种：①发明专利——是完全独创的工艺、技术、配方等。专利等级高，申请时间长，价值也高。②外观设计专利——是对外观上的创新。平面设计、工业设计等专业学生在这个方面极具优势，可重点考虑。③实用新型专利——是对产品使用形式的创新，非常具有实用性，工科类职校生较有优势。

2. 著作权

著作权主要是指著作权人对文字、影视、绘画作品的权利，职校生有优势。

3. 软件著作权

软件著作权就是开发的软件要申请保护。这是软件专业学生的专长。

4. 商标权

企业要有商标意识，但是也有不少平面设计专业的学生，可以设计很多商标用于出售，这也是合法的。

5. 域名权

域名权是伴随着互联网的到来而新出现的一个产权。值得大学生关注。

利用自己的专业优势，在相关法律允许的范围内，选择创新创业项目，从事创新创业事业，在创新创业中，实现自己的价值。

三、创办企业的社会责任

创办企业的目的是什么？赚钱，这是任何一个创办企业的人的最基本的合理愿望。但是，在当代社会中，企业如何去赚钱？企业盈利是否要遵循相关法律法规和道德规范？企业是否要自觉履行社会责任？这是每个企业创办者都要思考和面对的问题。

（一）企业社会责任的定义

企业社会责任（简称 CSR）是指企业在创造利润、对股东承担法律责任的同时，亦要考虑到对各相关利益者造成的影响。企业社会责任的概念是基于商业运作必须符合可持续发展的想法，企业除了考虑自身的财政和经营状况外，也要加入其对社会和自然环境所造成的影响的考虑。相关利益者是指所有可以影响、会被企业的决策和行动所影响的个体或群体，包括员工、顾客、供应商、社区团体、母公司或附属公司、合作伙伴、投资者和股东。

企业有三大核心责任，即对员工、投资方和顾客的责任。

（二）企业如何承担社会责任

美国学者戴维斯就企业为什么以及如何承担社会责任提出了自己的看法，这种看法被称为"戴维斯模型"，其具体内容如下。

（1）企业的社会责任来源于它的社会权力。由于企业对诸如少数民族平等就业和环境保护等重大社会问题的解决有重大的影响力，因此社会就必然要求企业运用这种影响力来解决这些社会问题。

（2）企业应该是一个双向开放的系统，即开放地接受社会的信息，也要让社会公开地了解它的经营。为了保证整个社会的稳定和进步，企业和社会之间必须保持连续、诚实和公开的信息沟通。

（3）企业的每项活动、产品和服务，都必须在考虑经济效益的同时，考虑社会成本和效益。也就是说，企业的经营决策不能只建立在技术可行性和经济收益之上，而且要考虑决策对社会的长期和短期的影响。

（4）与每一活动、产品和服务相联系的社会成本应该最终转移到消费者身上。社会不能希望企业完全用自己的资金、人力去从事那些只对社会有利的事情。

（5）企业作为法人，应该和其他自然人一样参与解决一些超出自己正常范围的社会问题。因为整个社会条件的改善和进步，最终会给社会每一位成员（包括作为法人的企业）带来好处。

"企业社会责任"的概念最早由西方发达国家提出，后来这一思想广为流行，连《财富》和《福布斯》都在企业排名评比时加上了"社会责任"标准，可见西方社会对企业社会责任的重视。联合国也是推动企业发挥社会责任的重要机构。联合国前秘书长安南上台后，联合国的工作重点发生了较大的变化，即从国家主权的维护更多地转向了公民权利的维护。鉴于全球化的脆弱性和国际间越拉越大的差距，鉴于国家内部的差距也在拉大以及财富的分配不公和不平等，特别是某些企业不合理的发展对世界安全和生态环境带来巨大威胁，安南向国际商界领袖呼吁企业约束自己自私的牟利行为，并担负起更多的社会责任。

1999年1月，在瑞士达沃斯世界经济论坛上，安南提出了"全球协议"，并于2000年7月在联合国总部正式启动。该协议号召公司遵守在人权、劳工标准和环境方面的9项基本原则，其内容是：

（1）企业应支持并尊重国际公认的各项人权；

（2）绝不参与任何漠视和践踏人权的行为；

（3）企业应支持结社自由，承认劳资双方就工资等问题谈判的权利；

（4）消除各种形式的强制性劳动；

（5）有效禁止童工；

（6）杜绝任何在用工和行业方面的歧视行为；

（7）企业应对环境挑战未雨绸缪；

（8）主动增加对环保所承担的责任；

（9）鼓励无害环境科技的发展与推广。

分析这九项原则，从企业内部看，就是要保障员工的尊严和福利待遇，从外部看，就是要发挥企业在社会环境中的良好作用。总体来说，企业的社会责任可分为经济责任、文化责任、教育责任、环境责任等几方面。就经济责任来说，企业主要为社会创造财富，提供物质产品，改善人民的生活水平；就文化责任和教育责任等方面来说，企业要为员工提供符合人权的劳动环境，教育职工在行为上符合社会公德，在生产方式上符合环保要求。

中国企业的发展正处在一个重要的历史阶段。如何摆正企业与社会的关系？如何发挥企业的社会责任？企业应该肩负起哪些社会责任？是当前我国社会值得认真研究和讨论的话题。依据不同的标准，我国有学者将企业社会责任的内容分为两类，一类是反应型企业社会责任，另一类是战略型企业社会责任。

反应型企业社会责任有两种形式：一是做一个良好的企业公民，关心各利益相关者所关注的社会问题的变化；二是减少企业经营活动已经产生的或可能会产生的负面影响。

战略型企业社会责任在做好一个良好的企业公民，减轻价值链活动所造成的不利社会影响的同时，还要推出一些能产生显著而独特的社会效益和企业效益的重大举措。战略型企业社会责任还包括投资于竞争环境中某些能促进企业竞争力提高的社会因素，发挥出企业与社会的共享价值，并由此建立起企业与社会的共生关系：企业越成功，社区就越繁荣；反之，社区越繁荣，企业就越成功。通常而言，某个社会问题与企业的业务关系越紧密，利用企业的资源和能力造福社会的机会就越大。

新形势下，企业与社会关系的一个重要表现就是企业要通过纳税的形式来履行应尽的社会保障的责任，增强社会的保障能力。

企业履行社会责任，有利于塑造良好的企业形象，企业履行社会责任，有利于增强企业的凝聚力，中外企业发展历史证明，企业自觉履行社会责任，不仅可以让企业利益最大化，还可以大大提高企业的核心竞争力，促进企业乃至社会的可持续发展。

课后练习

1. 职校生创业团队组建时最应该注意的问题是什么？

2. 申办公司的流程中必须自己解决的有哪些？

3. 职校生创新创业要准备哪些知识？

4. 对你来说，哪些方面的创新创业知识比较缺乏？

5. 你的专业知识对你的创新创业有帮助吗？

6. 你在学校期间，哪些经历对你的创新创业有帮助？

选择适合职校生创新创业的商业模式

职校生创新创业过程中，不仅项目的选择十分重要，商业模式的选择也关乎新创企业的发展。有一个好的商业模式，就成功了一半。

那什么是商业模式呢？有没有什么可以确保赚钱的商业模式呢？其实，每一个项目、每一个企业、每一个项目或企业的不同发展阶段，其特点都是不一样的，在商业模式的选择方面也一定是不同的。本项目的目的就是想与大家一起来分析新创企业如何选择适合自己的商业模式。

本项目中，我们将介绍知识产权这一重要概念。知识产权的本质是无形资产。职校生创新创业者要懂得如何把自己的专业优势转化为无形资产，再进一步地把这些无形资产转化为自己的权利，用于自己的创新创业。具体而言，就是在学习和工作实践中，要注意申请专利、商标和进行著作权登记，维护好自己的权益。

本项目重点介绍专利、软件著作权、商标权、域名权等知识产权。介绍不同知识产权的保护办法。对创新创业者而言，除了这些知识产权，取得相关的批文也很重要。

不同的创新创业项目对于需要重点保护的知识产权种类也不相同。知识产权是企业建立的竞争壁垒，如果有同行侵犯企业的技术，就可以利用知识产权对竞争对手进行打击。同时，作为拥有知识产权的创新创业企业，还可以申报国家高新技术企业。因此，作为大中专学生创新创业者，一定要注意保护自己的知识产权，用无形资产创业，可以很好地解决创新创业缺乏资金的难题。

知识目标

- 帮助职校生了解常见商业模式的特点；
- 帮助职校生了解知识产权的概念、类型；
- 帮助职校生了解公益创业的模式；
- 帮助职校生了解知识产权的申请流程；
- 培养职校生的知识产权保护意识；
- 帮助职校生懂得知识产权保护的重要意义。

能力目标

- 提升职校生选择适合自己创新创业项目商业模式的能力；
- 提升职校生在创新创业中保护自己知识产权的能力；
- 提升职校生进行公益型创新创业的能力；
- 提升职校生根据知识产权类型进行申报的能力；
- 提升职校生利用知识产权保护自己权益的能力。

任务一　商业模式的概念

一、商业模式的含义

企业与企业之间，企业的部门之间，企业与顾客、与渠道之间，都存在各种各样的交易关系和联结方式，这些称为商业模式。

商业模式是一个企业满足消费者需求的系统，这个系统组织管理企业的各种资源（资金、原材料、人力资源、作业方式、销售方式、信息、品牌和知识产权、企业所处的环境、创新力，又称输入变量），提供给消费者无法自己解决而必须购买的产品和服务（输出变量），因而具有自己能复制且别人不能复制，或者自己在复制中占据市场优势地位的特性。

二、商业模式参考模型

（一）商业模式的要素

商业模式包含许多要素，各要素对商业模式的形成与发展有不同的影响。这里主要为大家提出一个包含 10 个要素的参考模型。

（1）价值主张：公司通过其产品和服务所能向消费者提供的价值。价值主张确认了公司对消费者的实用意义。

（2）目标群体：公司所瞄准的消费者群体。这些群体具有某些共性，从而使公司能够（针对这些共性）创造价值。定义消费者群体的过程也被称为市场划分。

（3）分销渠道：公司用来接触消费者的各种途径。这里阐述了公司如何开拓市场。它涉及公司的市场和分销策略。

（4）客户关系：公司同其消费者群体之间所建立的联系。我们所说的客户关系管理即与此相关。

（5）价值配置：资源和活动的配置。

（6）核心能力：公司执行其商业模式所需的能力和资格。

（7）价值链：为了向客户提供产品和服务的价值，相互之间具有关联性、支持性的活动。

（8）成本结构：所使用的工具和方法的货币描述。

（9）收入模型：公司通过各种收入流来创造财富的途径。

（10）裂变模式（BNC模式）：指公司商业模式转变的方式和方向。

一个好的商业模式至少要包含以上10个基本元素中的前7个。

创新创业公司在商业模式上常见的失误有：做出来的解决方案没有市场需求，产品缺乏特定的市场，产品总是免费赠送。所以，互联网创新创业公司为什么起得快也倒得快，商业模式不清晰是重要的原因。

（二）商业模式的内容

在阐述企业的商业模式时应从以下几方面介绍。

1. 价值定位

创业公司所要填补的需求是什么，或者说要解决什么样的问题。价值定位必须清楚地定义目标客户、客户的问题和痛点、独特的解决方案以及从客户的角度来看，这种解决方案的净效益。

2. 目标市场

目标市场是创业公司打算通过营销来吸引的客户群，并向他们出售产品或服务。这个细分市场应该有具体的人数统计以及购买产品的方式。

3. 销售和营销

如何接触到客户？口头演讲和"病毒式"营销是较为最流行的方式，但是用来启动一项新业务还是远远不够的。创业公司在销售渠道和营销提案上要做具体一些。

4. 生产

创业公司是如何做产品或服务的？常规的做法包括家庭制作、外包或直接买现成的部件。其中的关键问题是进入市场的时间和成本。

5. 分销

创业公司如何销售产品或服务？有些产品和服务可以在网上销售，有些产品需要多层次的分销商、合作伙伴或增值零售商。创业公司要规划好自己的产品是只在当地销售还是在全球范围内销售。

6. 收入模式

你是如何赚钱的？关键要向你自己和投资人解释清楚你如何定价，收入现金流是否会满足所有的花费，包括日常开支和售后支持费用，还要有很好的回报。

7. 成本结构

创业公司的成本有哪些？新手创业者只关注直接成本，低估了营销和销售成本、日常开支和售后成本。在计算成本时，可以把预估的成本与同类公司发布出来的报告对比一下。

8.竞争

创业公司面临多少竞争者？没有竞争者很可能意味着没有市场。通常而言，有 10 个以上的竞争者即表明市场已经饱和。在这里要扩展开来想一想，就像乘坐飞机和火车，客户总有选择的机会。

9.市场大小、增长情况和份额

创新创业项目产品的市场有多大？是在增长还是在缩小？能获得多少份额？

总之，投资者希望能很好、很早地理解创新创业公司的商业模式。他们不想听创新创业者向客户推销式的演讲。这样的演讲通常都自然地回避了创新创业者打算赚多少钱，以及创新创业者期望确认多少客户的问题。向投资人做那样的演讲只会让创新创业者和投资人双方都感到很恼火。

（三）商业模式的特征

一个可行、有投资价值的商业模式是创新创业者需要在商业计划书中强调的首要内容之一。事实上，没有好的商业模式，创新创业就只是一个梦想。

总之，成功的商业模式具有三个特征。

（1）成功的商业模式要能提供独特价值。这个独特的价值有时候可能是新的思想，而更多的时候，它往往是产品和服务独特性的组合。这种组合要么可以向客户提供额外的价值，要么使得客户能用更低的价格获得同样的利益，或者用同样的价格获得更多的利益。

（2）商业模式是难以模仿的。企业通过确立自己与众不同的商业模式，如对客户的悉心照顾、无与伦比的实施能力等来提高行业的进入门槛，从而保证利润来源不受侵犯。

（3）成功的商业模式是脚踏实地的。企业要量入为出、收支平衡。这个不言而喻的道理，要想做到，却并不容易。现实当中的很多企业，不管是传统企业还是新型企业，对于自己的钱从何处赚来，为什么客户看中自己企业的产品和服务，乃至有多少客户实际上不能为企业带来利润，反而在侵蚀企业的收入等关键问题，都不甚了解。

任务二　职校生创新创业常用的商业模式

一、店铺模式

一般来说，服务业的商业模式要比制造业和零售业的商业模式更复杂。最古老也是最基本的商业模式就是"店铺模式"。具体点说，就是在具有潜在消费者群的地方开设店铺并展示产品或服务。

一个商业模式,是对一个组织如何行使其功能的描述,是对其主要活动提纲挈领的概括。它定义了公司的客户、产品和服务。它还提供了有关公司如何组织以及创收和盈利的信息。商业模式与(公司)战略一起,主导了公司的主要决策。商业模式还描述了公司的产品、服务、客户、市场以及业务流程。

大多数的商业模式都要依赖于技术。互联网上的创业者们发明了许多全新的商业模式,这些商业模式依赖于现有的和新兴的技术。利用技术,企业可以以最小的代价,接触到更多的消费者。

二、"互联网+"的商业模式

互联网的出现改变了基本的商业竞争环境和经济规则,标志"数字经济"时代的来临。互联网使大量新的商业实践成为可能,一批基于它的新型企业应运而生。它们的赚钱方式,明显有别于传统企业。于是,商业模式一词开始流行,它被用于刻画描述这些企业是如何获取效益的。这些基于互联网的新型企业的出现,对许多传统企业也产生深远冲击与影响。如亚马逊公司(Amazon)仅用短短几年就发展为世界上最大的图书零售商,它给传统书店带来严峻挑战,新型商业模式显示出强大的生命力与竞争力。1998年后,美国政府甚至对一些商业模式创新授予专利,以给予积极的鼓励与保护。无论对准备创业的,还是已有企业的人,这些都激励他们在这个经济变革时期,从根本上重新思考企业赚钱的方式,思考自己企业的商业模式。商业模式的创新由此开始受到重视。"互联网+"的商业模式中,有线上线下模式(O2O)、企业对消费者电子商务模式(B2C)、个人对个人电子商务模式(C2C)和裂变模式(BNC)等。

(一)O2O

O2O即Online To Offline,也即将线下商务的机会与互联网结合在一起,让互联网成为线下交易的前台。这样线下服务就可以在线上来揽客,消费者可以用线上来筛选服务,成交可以在线结算,很快达到规模。该模式最重要的特点是:推广效果可查,每笔交易可跟踪。

(二)B2C、C2C

B2C(Business to Consumer)、C2C(Customer to Customer)是在线支付,购买的商品会放进箱子里,然后通过物流公司送到你手中;O2O是在线支付,购买线下的商品、服务,再到线下去享受服务。

（三）BNC 模式

BNC 就是 Business Name Consumer。智能商城 BNC 具有 B2C、C2C、O2O 等模式的优势，同时解决了以上模式的弊端，做到了快速免费地推广企业和产品，每个人拥有自己姓名的商城，从而最大限度地挖掘出每个个人的资源和潜力。

智能商城是一个集高端云技术和独特裂变技术为一体的网络平台。这是一个超越传统商业模式和电子商务模式的新型商务模式。

任务三 公益型创新创业的商业模式

公益型创新创业是近年来国内兴起的一种新型创业模式。与传统型创业模式相比，公益型创新创业强调的是创业理念的公益性，其在创业方式上也是公益的。它不以追求经济效益为目的，而是着眼于帮助政府解决一部分亟待解决的问题。正因为它的公益性，使得公益型创新创业更容易获得全社会的支持，并且在一定程度上不直接面向传统市场的恶性竞争。

调查给出了一个有趣的启示：有超过 1/3 的人为了"责任"开始公益型创业，71%的人希望通过企业的自转造血维持公益组织的运营和发展，公益运营道路上要克服的最大障碍是如何获得第三方的信任与资助（30%）。

创新创业中的社会公益创业组织，这是一些具有使命感的创新创业者所追求并建立的。他们对目标群体负有高度的责任，旨在创造社会价值而非个人财富；对他们来说，财务收入是达到目标的手段，而非目标本身。

因此，公益创业者们拥有以下特点：

（1）更高的精神境界和道德力量；

（2）更大的勇气、更高的智慧、更好的创意和商业技巧；

（3）更乐于分享，他们与人分享的越多，就有越多的人支持他们；

（4）更勇于超越边界，勇于创新打破常规；更甘于寂寞、埋头苦干。

他们得到承认时，往往是在默默工作了多年之后。

在职校生群体中大力提倡公益创业的理念，努力形成"公益创业也是创业"的良好氛围，我们鼓励职校生用创新的理念承担社会责任，在成功创业的过程中兼顾社会效益和自身价值的实现。

公益组织想要获得长久健康发展，一定要想办法自己"造血"，实现财务独立。

这是公益创业能够独立开展活动，取得持续发展的前提。公益创业是为了解决某一社会问题而进行的创业活动，它不以营利为目的，但必须有可营利的操作模式，这样才能解决因自身运作产生的资源消耗问题。

下面我们主要介绍几种公益创业的商业模式，以供大家参考。

一、与政府合作的模式

有些社会问题，仅仅依靠公益组织不能得到解决，这时候就要尝试与政府合作的模式，才能达到目的。例如，面对荒漠化问题，阿拉善生态协会意识到单纯依靠某个部门和志愿者没办法解决。于是，他们通过发动当地居民力量，与政府合作，完成了自身的"造血"功能。

阿拉善生态协会首先出资让当地农民外出考察学习，让当地人了解草场的重要性，除了放牧，搞生态农业一样能赚钱。这样从根本上解决了农民的观念问题。此后，阿拉善生态协会为当地农民设计了一套兼具提高收入和保护环境的方案。在资金上，阿拉善生态协会建立了一套小额信贷模式，这是与政府合作的，利用政府手中的社会资源，贷款给农民，农民挣钱之后还本付息，形成了一个健康的合作模式。

二、卖产品或服务的商业模式

这是一般常采取的商业模式。羌绣帮扶计划源于 2008 年的汶川地震后，家园被毁让羌族妇女无法依靠原来的种植业生存。羌绣帮扶计划通过大量的走访调研，在村落设立服务站，对羌族妇女进行培训与管理，让羌族妇女在家工作。

羌绣帮扶计划背后有强大的设计师团队，将羌族的传统手工艺、刺绣和现代审美相结合，做成背包、衣服等产品。类似的模式，还有帮扶弱势妇女就业的城市家政服务，残障人群体进行餐饮服务，制作咖啡、烘焙等产品售卖。这都属于通过出售自己的产品和服务而使项目持续运营。

三、依靠名人效应的模式

依靠名人效应的模式很难复制。简而言之，就是通过卖货抽成的方式做公益，消费者购买了某个产品，就为公益事业捐出了一些钱。这种必须借助名人以及品牌的协同效应才能成功。比如，阿里巴巴联合阿拉善的"蚂蚁森林"计划，也类似于这种"名人效应"。一些矿泉水品牌打造的"你买一瓶水，我捐一角钱"等也是依靠名人效应的公益模式。

以上主要介绍了几种常见的公益创业项目的"造血"方法和模式，很多公益项目也会通过政府购买、融资、基金捐助支持等方式发展，感兴趣的同学可以查阅相关资料，详细了解。

做公益需要选择好的商业模式。一个成功的公益活动在带来巨大社会效益和经济效益的同时，还有可能为行善者带来显著的利益，虽然这可能并非他们的初衷；而一个失败的公益活动不仅不会创造正面的社会效益，还有可能为行善者带来道德风险和名誉损失。

有句名言说得好：有善心不难，难在有善举；有善举也不难，最难在有善果！要想善心结善果，就要有好的商业模式。

扩展阅读

公益创业的盈利与分配模式

来源：魏和平.《中国青年报》（2015年02月06日T02版）

一些传统援助机构对尤努斯自助式的社会企业项目运作方式表示怀疑，甚至一些赞同尤努斯的人也会问，尤努斯的项目为什么还要去盈利？尤努斯的回答是，许多为穷人服务的机构往往过于依赖捐赠而不能实现自我富足，"这就好像对一位病人说，他一天可以呼吸23个小时，余下的时间将由某些机构为他们供给氧气。这意味着得靠他们的怜悯活着。一旦什么机构把他们遗忘了，那就死定了"。他还说，许多援助项目仅仅是把贫困降低到社会可容忍的程度，并非是要去消灭它。

国内公益创业的商业运作状况又是怎样的呢？关于"收入来源于商业活动的比例"的问题，《中国青年公益创业调查报告》数据显示，商业活动的收入占总收入50%以上的公益创业组织占42%；商业活动的收入占总收入50%以下的公益创业组织占44%。有将近一半的公益创业组织商业活动收入超过50%，公益创业组织以市场化运作手段获取一定的利润，采用企业化的经营方式，其收入来源具有明显的商业性。

"行业间的界限变得越来越小，商业和公益也出现了更多、更新的合作模式。只有更擅长整合跨界的资源，公益机构才能探寻到更加可持续的模式，撬动更多的利益相关方来进一步推动公益事业的发展。商业化运作与盈利可以使公益创业者摆脱对捐款的依赖，减轻政府推动社会福利事业发展的重负。"这是北回归线爱心协会发起者王方圆的回答。在华北电力大学读大三的他，一直致力于在贫困地区建造乡村图书馆，2014年被青年恒好公益创业行动推荐参加了在天津举办的夏季达沃斯论坛。

牛津大学公益创业研究中心认为，公益创业具有市场导向性。"市场导向性"表明公益创业的绩效驱动、竞争性和前瞻性。虽然公益创业和商业创业最大的区别在于以社会效益为先，但是公益创业为了获得可持续的发展，必须以商业企业的方式运作并获取利润。公益创业把经营性收入放在首要位置，利润和盈余是组织及公益事业发展的保障，也是公益创业可持续发展的重要支撑。

现代管理学之父德鲁克也曾指出："社会企业将成为未来经济发展的一支重要

力量，这种组织有可能成为后资本主义时代发达经济体系中真正的增长部门。"

由此可见，不管是真正从事公益创业的参与者还是研究者，都在一定程度上肯定了盈利的重要性。公益创业的经济价值体现为公益创业与商业企业一样参与市场经济竞争，形成自己的商业模式，通过销售产品或服务获取资金支持，创造经济效益。公益创业组织收入来源中的商业性活动来源是"自我造血"的主要方式，公益创业组织运用市场化方式提供产品与服务获取一定的收入与盈利，从而反哺公益事业，才能使其获得长足的发展。

有了盈利，公益创业者要不要将利润进行分配呢？关于"是否明确利润分配"，被调查者中明确利润分配的组织有 77 个，占 53%，而没有明确利润分配的组织 57个，占 40%，明确利润分配的比例占到了一半以上，表明大部分的公益创业者还是意识到了经济效益与利润的重要性，并在利润分配的问题与组织内部成员们达成了基本的共识。

那么利润又该怎么分配呢？在明确利润分配的被调查者中，不进行利润分配的公益创业组织比例达到 27%，利润分配比例在 0 ~ 50% 的公益创业组织占 51%，利润分配比例大于 50% 的公益创业组织有 8%。调查结果说明，近 80% 的公益创业组织不分红或只拿小部分利润用来分红，大部分资金还是用于产品与服务的再生产与提升。例如，参与调研的残友集团，公司的利润 1/3 留在企业用于进一步发展，1/3 给股东（基金会为主），1/3 给员工作为工资成本。

有学者认为公益创业不可以分红，分红是工商企业的利益分配模式，一旦盈利后分红，股东与商业资本的再次进入时很可能会是逐利状态，公益创业组织的性质就有可能发生改变。

还有另一种声音，"不要太关注社会企业资本回报率与分配比例，商业资本的良好运作是社会得以持续发展的最重要保障之一，只要继续按既定目标与理念发展，继续提供社会产品和服务，那它的发展就是健康的"。王方圆对于公益创业分红与否的问题有着自己独特的理解。

以上介绍了商业模式的一些基本形式。商业模式中有两个核心内容，其一是用户画像，就是用户是谁；其二就是销售渠道，也就是通过什么途径让用户知道企业的产品。这两个内容我们必须牢记。

所谓用户画像，就是产品或服务的特定的对象。所以，每一个企业或创业团队都需要了解并锁定自己的用户对象。这里还要注意了解用户和客户的区别。

例如，对药厂来说，它制造的药品是谁吃呢？是病人，病人是用户。那药厂的药是直接卖给病人吗？大多数情况下不是，药厂的药是卖给医院或医药公司的。所以对药厂而言，它的客户是医院或医药公司。

我们生产产品时，一定要先把自己的用户或客户对象搞清楚，这样产品生产出来才能够卖出去。当然，有许多产品直接面向消费者，这时它的用户和客户是一样的。这在互联网时代比较多见。

所谓销售渠道，就是产品到消费者手上的整个路径。明确自己的用户画像之后，就知道产品是"2C"的还是"2B"的。"2C"就是直接面对消费者，"2B"就是面向中间机构，这两种销售模式完全不一样。"2C"就要选择可以直接接触消费者的方式，比如直销、摆摊、直播等方式。"2B"就是要选择好中间机构，洽谈好中间价格，留出相当的经销或代理利润，这样才能寻求到中间机构，否则，没人给你推广。

这两个内容是我们创业者必须十分清楚的。

任务四 创新创业中的知识产权意识

一、知识产权的意义

（一）知识产权是强国建设的重要保障

《国家知识产权战略纲要》的颁布实施，是我国创新型国家建设过程中的一个重要里程碑。随着国家知识产权战略实施的步伐，我国逐步踏上由知识产权大国向知识产权强国迈进的征程。

通过知识产权战略实施，我国受理商标注册申请量与著作权作品登记量连续多年位居世界前列，知识产权领域的工作取得不凡的成绩，为深入实施知识产权战略、建设知识产权强国奠定了坚实的基础。在知识产权战略的引领下，我国有效抵御了席卷全球的金融危机风暴，越来越多的企业成功实现"走出去"参与国际市场竞争；同时，依靠自主知识产权，我国成功实现了"嫦娥"探月、"蛟龙"深潜、"北斗"导航、航母入列、主导5G通信、进军高铁产业等一系列新突破和新进展，令世界为之瞩目，极大提振了民族自信心和民族自豪感，形成了深入实施知识产权战略、建设知识产权强国的社会氛围。

深入实施知识产权战略，是建设知识产权强国和创新型国家的重要保障。只有认真贯彻党的十八大精神，通过深化改革，深入实施知识产权战略，才能极大激发全社会的创新热情，促进知识产权的运用和保护，突出知识产权在市场资源配置中的制度保障作用，提升企业创新主体地位，强化质量与效益意识，破解发展中的阻力，解决发展中的难题，进一步筑牢知识产权强国建设的基础，加快知识产权强国建设的步伐。

（二）知识产权是企业竞争力的保障

在市场经济条件下，企业的核心竞争力围绕着消费者的需求构建，对于消费者来说，他们最关心的是产品的技术含量和产品的品牌。所以，产品的品牌和技术创新体现了企业的核心竞争力。

1. 知识产权是提升企业竞争力的重要资产

随着社会的发展，知识产权中的专利资产，在企业资产、价值中所占的比重越来越大。知识产权成果由于其自身固有的新颖性和创造性，并涉及技术、法律、经济等多个要素，具有不易估价的特点，如果不能确定知识产权的合理价值，就难以在知识产权买卖双方之间形成合理预期并促成知识产权交易，而知识产权的成果也难以顺利实现产业化。以专利资产为代表的知识产权资产在企业价值中占据重要比重，利用专利资产评估可以为企业增资注册，为企业进行质押贷款，由此可知企业专利技术资产的价值。企业可以用专利资产同中外企业合资合作，获知需要转让专利资产的价值，有助于企业的资本运作。

在高科技领域，提起某个成功的企业，我们常常将其和某项专利技术联系在一起，可以说，拥有自主知识产权的核心技术是这些企业成功的关键，也是其得以发展壮大的原因。所以说，知识产权是企业的核心竞争力。

2. 商标帮助企业树立良好品牌形象

品牌主要是以产品的商标形式表现出来。商标是消费者与企业发生联系的中介和桥梁，消费者一般是通过产品的商标来认识企业的。消费者对商标的印象实际上就决定了他们对于企业的印象，而一个企业的品牌要花费大量的时间和成本才能在消费者心中树立良好的形象。所以，对于一个有竞争力的企业而言，它最担心的就是自己产品的商标与其他企业产品的商标发生混淆，使消费者不能将本企业与其他企业明显地区分开来，出现其他企业对自己企业"搭便车"的情况。由此可见，企业必须维持自己品牌的独特性。作为企业知识产权中重要一环的商标，在企业竞争中有其独特的作用。一个没有品牌的企业和产品在市场竞争的道路上是不能远行的，从某一方面讲，品牌建设对企业竞争力的提升更为重要，也有利于企业在品牌战略下执行产品研发、生产、推广计划，建立客户的品牌忠诚度，使企业在国际竞争中左右逢源，所向披靡，知识产权也才能在竞争中发挥最大的作用。

进入 21 世纪以来，我国的专利申请量大幅增加。从原来的几乎可以忽略不计，现在发展到每年申请量超过 300 万件，成为世界第一的专利大国。

二、知识产权的类型

我们鼓励大中专学生进行智慧型创业，那就必须了解《中华人民共和国知识产权法》

《中华人民共和国著作权法》《中华人民共和国软件著作权法》《中华人民共和国商标法》等法律法规。把自己的创新创造成果及时进行保护，用这些知识产权去换取股权，这样的创业不仅没有风险，还极易成功，可以满足我们的创新欲望，实现人生价值。这里要介绍的知识产权主要是专利权、软件著作权和商标权。

（一）专利

1. 专利的类别

专利（patent），从字面上是指专有的权利和利益。在我国，专利分为发明、实用新型和外观设计三种类型。

（1）发明专利，是指对产品、方法或者其改进所提出的新的技术方案。

（2）实用新型专利，是指对产品的形状、构造或者其结合所提出的适于实用的新的技术方案。

（3）外观设计专利，是指对产品的形状、图案或者其结合以及色彩与形状、图案的结合所作出的富有美感并适于工业应用的新设计。

国务院知识产权局负责管理全国的专利工作；统一受理和审查专利申请，依法授予专利权。省、自治区、直辖市人民政府管理专利工作的部门负责本行政区域内的专利管理工作。

2. 专利所属权

《中华人民共和国专利法》对专利所属权做了如下说明。

（1）执行本单位的任务或者主要利用本单位的物质技术条件所完成的发明创造为职务发明创造。职务发明创造申请专利的权利属于该单位；申请被批准后，该单位为专利权人。

（2）非职务发明创造，申请专利的权利属于发明人或者设计人；申请被批准后，该发明人或者设计人为专利权人。

利用本单位的物质技术条件所完成的发明创造，单位与发明人或者设计人签订有合同，对申请专利的权利和专利权的归属作出约定的，从其约定。

（3）两个以上单位或者个人合作完成的发明创造、一个单位或者个人接受其他单位或者个人委托所完成的发明创造，除另有协议的以外，申请专利的权利属于完成或者共同完成的单位或者个人；申请被批准后，申请的单位或者个人为专利权人。

（4）同样的发明创造只能授予一项专利权。但是，同一申请人同日对同样的发明创造既申请实用新型专利又申请发明专利，先获得的实用新型专利权尚未终止，且申请人声明放弃该实用新型专利权的，可以授予发明专利权。两个以上的申请人分别就同样的发明创造申请专利的，专利权授予最先申请的人。

（5）发明和实用新型专利权被授予后，除专利法另有规定的以外，任何单位或者个人未经专利权人许可，都不得实施其专利，即不得为生产经营目的制造、使用、许诺销售、销售、进口其专利产品，或者使用其专利方法以及使用、许诺销售、销售、进口依照该专利方法直接获得的产品。

外观设计专利权被授予后，任何单位或者个人未经专利权人许可，都不得实施其专利，即不得为生产经营目的制造、许诺销售、销售、进口其外观设计专利产品。

（二）著作权与软件著作权

1. 著作权

著作权亦称版权，是指作者对其创作的文学、艺术和科学技术作品所享有的专有权利。著作权是公民、法人依法享有的民事权利，属于无形财产权。著作权保护的是内容，而软件企业和创意类企业的产品或者服务的外在表达就是包含著作权的产品，比如电影、音乐、软件、文学作品，这些产品的核心是内容，而互联网时代，复制内容的技术难度大大降低，普通人通过电脑上的复制粘贴就能把任何版权作品轻易地传播。因此，对于内容生产企业而言，如何保护自己的内容，打击未经许可的传播和复制行为就成了"生死攸关"的事情。打击侵权之前自己先得有权利，这个权利就是著作权。

著作权是知识产权中的例外，因为著作权的取得无须经过个别确认，这就是人们常说的"自动保护"原则。

2. 软件著作权

计算机软件著作权是指软件的开发者或者其他权利人依据有关著作权法律的规定，对于软件作品所享有的各项专有权利。就权利的性质而言，它属于一种民事权利，具备民事权利的共同特征。

软件经过登记后，软件著作权人享有发表权、开发者身份权、使用权、使用许可权和获得报酬权。

（1）个人和企业登记。软件著作权个人登记，是指自然人对自己独立开发完成的非职务软件作品，通过向登记机关进行登记备案的方式进行权益记录或保护的行为。

软件著作权企业登记，是指具备或不具备法人资格的企业对自己独立开发完成的软件作品或职务软件作品，通过向登记机关进行登记备案的方式进行权益记录或保护的行为。

（2）软件著作权权属：①通过登记机构的定期公告，可以向社会宣传自己的产品；②在进行软件版权贸易时，认证将使您的软件作品价值倍增；③在发生软件著作权争议时，如果不经登记，著作权人很难举证说明作品完成的时间以及所有人；④合法在我国境内经营或者销售该软件产品，并可以出版发行；⑤在进行软件产品登记的时候可以作为自主知识产权的证明材料；⑥在进行软件企业认定和高新技术企业认定时，可以作为自主开发或拥有知识产权的软件产品的证明材料。

（三）商标权

商标权是商标专用权的简称，是指商标主管机关依法授予商标所有人对其注册商标受国家法律保护的专有权。

1.商标和商标权

商标是用以区别商品和服务不同来源的商业性标志，由文字、图形、字母、数字、三维标志、颜色组合、声音或者上述要素的组合构成。

商标注册人拥有依法支配其注册商标并禁止他人侵害的权利，包括商标注册人对其注册商标的排他使用权、收益权、处分权、续展权和禁止他人侵害的权利。

商标权取得的方式分为两种：原始取得和继受取得。

（1）商标权的原始取得，也称为商标权的直接取得，是指商标权由创设而来，其产生并非基于他人既存的商标权，也不以他人的意志为根据。

（2）商标权的继受取得，也称为商标权的传来取得，是指以他人既存的商标权及他人意志为基础而取得商标权。

扩展阅读

下列标志不得作为商标使用

来源：找法网.《法律知识》（2021 年 09 月 11 日）

（一）同中华人民共和国的国家名称、国旗、国徽、国歌、军旗、军徽、军歌、勋章等相同或者近似的，以及同中央国家机关的名称、标志、所在地特定地点的名称或者标志性建筑物的名称、图形相同的；

（二）同外国的国家名称、国旗、国徽、军旗等相同或者近似的，但经该国政府同意的除外；

（三）同政府间国际组织的名称、旗帜、徽记等相同或者近似的，但经该组织同意或者不易误导公众的除外；

（四）与表明实施控制、予以保证的官方标志、检验印记相同或者近似的，但经授权的除外；

（五）同"红十字""红新月"的名称、标志相同或者近似的；

（六）带有民族歧视性的；

（七）带有欺骗性，容易使公众对商品的质量等特点或者产地产生误认的；

（八）有害于社会主义道德风尚或者有其他不良影响的。

县级以上行政区划的地名或者公众知晓的外国地名，不得作为商标。但是，地名具有其他含义或者作为集体商标、证明商标组成部分的除外；已经注册的使用地名的商标继续有效。

案 例

郑州一西餐厅撞名"皮皮鲁" 郑渊洁将其告上法庭

2017年2月23日，郑渊洁向国家工商总局递交申请书，申请郑州皮皮鲁西餐厅商标注册无效。据了解，2014年，郑渊洁就已经向工商总局提出撤销该商标的申请，但并未成功。"童话大王"郑渊洁认为，皮皮鲁是他于1981年开始创作的童话形象，故事里的皮皮鲁心地善良，乐于助人，喜欢冒险和幻想，热衷于搞些小发明。这些特点，很受孩子们的喜欢。郑渊洁表示，他的"孩子"皮皮鲁，被郑州一家西餐厅"绑架"，呼吁解救皮皮鲁，因此他将这家西餐厅告上了法庭。

郑州皮皮鲁餐厅老板表示，商标已经注册使用13年，取自意大利英雄人物的名字，与郑渊洁的皮皮鲁不是一回事。

分析：根据《商标法》的规定，已经注册的商标，自商标注册之日起5年内，"在先权利人"或者利害关系人可以请求商标评审委员会宣告该注册商标无效。然而皮皮鲁餐厅的商标核准注册于2004年，至今已有13年之久，远远超出了5年期限的规定。

然而，2017年1月11日，最高人民法院发布了《关于审理商标授权确权行政案件若干问题的规定》，其中第二十二条规定，对于著作权保护期限内的作品，如果作品名称、作品中的角色名称等具有较高知名度，将其作为商标使用，在相关商品上容易导致相关公众误认为其经过权利人的许可或者与权利人存在特定联系，当事人以此主张构成在先权益的，人民法院予以支持。

2. 商标注册

商标注册，是指商标所有人为了取得商标专用权，将其使用的商标，依照国家规定的注册条件、原则和程序，向商标局提出注册申请，商标局经过审核，准予注册的法律事实。经商标局核准注册的商标为注册商标，包括商品商标、服务商标和集体商标、证明商标；商标注册人享有商标专用权，受法律保护。

（1）自然人、法人或者其他组织在生产经营活动中，对其商品或者服务需要取得商标专用权的，应当向商标局申请商标注册。

（2）法律、行政法规规定必须使用注册商标的商品，必须申请商标注册，未经核准注册的，不得在市场销售。

（3）任何能够将自然人、法人或者其他组织的商品与他人的商品区别开的标志，包括文字、图形、字母、数字、三维标志、颜色组合和声音等，以及上述要素的组合，均可以作为商标申请注册。

（4）申请注册的商标，应当有显著特征，便于识别，并不得与他人在先取得的合法权利相冲突。

知识链接

下列标志不得作为商标注册

（一）仅有本商品的通用名称、图形、型号的；

（二）仅直接表示商品的质量、主要原料、功能、用途、重量、数量及其他特点的；

（三）其他缺乏显著特征的。

上述所列标志经过使用取得显著特征，并便于识别的，可以作为商标注册。

（四）以三维标志申请注册商标的，仅由商品自身的性质产生的形状、为获得技术效果而需有的商品形状或者使商品具有实质性价值的形状，不得注册。

案　例

江苏卫视"非诚勿扰"涉商标侵权

2016年1月，江苏卫视的"非诚勿扰"节目更名为"缘来非诚勿扰"，这都源于一起商标侵权纠纷案。

2009年，金阿欢向国家工商行政管理总局商标局提出申请注册"非诚勿扰"商标。2010年9月，金阿欢的"非诚勿扰"商标被正式核准注册，注册号为7199523号，核定使用类别为第45类的交友服务和婚姻介绍所等。

江苏卫视于2010年初推出大型婚恋交友类节目"非诚勿扰"，凭借精良的节目制作和全新的婚恋交友模式，迅速得到观众广泛认可，屡屡创下省级卫视的收视纪录。

金阿欢以侵犯商标权为由，将江苏卫视诉至深圳市南山区人民法院。南山法院一审驳回了金阿欢的起诉。

金阿欢不服一审判决，提起上诉。广东省深圳市中级人民法院二审认定，江苏卫视的"非诚勿扰"节目，从服务目的、内容、方式、对象等判定，均是提供征婚、相亲、交友的服务，与金阿欢拥有的第7199523号"非诚勿扰"商标核定的服务项目相同。法院认为，金阿欢的"非诚勿扰"商标已投入商业使用，但由于江苏卫视的知名度及节目的宣传，使得公众造成反向混淆。同时，江苏卫视通过播出"非诚勿扰"节目，收取大量广告费用，足以证明其以营利为目的进行商业使用，构成商标侵权。最终，深圳中院判令江苏卫视立即停止使用"非诚勿扰"栏目名称。

点评： 由于"非诚勿扰"电视节目的高收视率，该案的判决受到社会的广泛关注。该案的审理结果，反映出法院在认定是否构成商标侵权时，对于同类商品（服务）的认定不应机械地按照《类似商品与服务区别表》来判定，而更应当考虑二者的内容和性质等，客观判定两者服务类别是否相同或相似。

（四）域名

域名，就是上网单位的名称，是一个通过计算机登上网络的单位在该网中的地址，由若干部分组成，包括数字和字母。域名是上网单位和个人在网络上的重要标识，起着识别的作用，便于他人识别和检索某一企业、组织或个人的信息资源，从而更好地实现网络上的资源共享。除了识别功能外，在虚拟环境下，域名还可以起到引导、宣传、代表等作用。

注册域名也遵循"先申请先注册"的原则。在新的经济环境下，域名所具有的商业意义已远远大于其技术意义，而成为企业在新的科学技术条件下参与国际市场竞争的重要手段，它不仅代表了企业在网络上的独有的位置，也是企业的产品、服务范围、形象、商誉等的综合体现，是企业无形资产的一部分。同时，域名也是一种智力成果，它是有文字含义的商业性标记，与商标、商号类似，体现了相当的创造性。

在域名的构思选择过程中，需要一定的创造性劳动，使得代表自己公司的域名简洁并具有吸引力，以使公众熟知并对其访问，从而达到扩大企业知名度、促进经营发展的目的。

域名不是简单的标识性符号，而是企业商誉的凝结和知名度的表彰，域名的使用对企业来说具有丰富的内涵，因此，不论学术界还是业务部门，大都倾向于将域名视为企业知识产权客体的一种。而且，从世界范围来看，尽管各国立法尚未把域名作为专有权加以保护，但国际域名协调制度是通过世界知识产权组织来制定，这足以说明人们已经把域名看作知识产权的一部分。

国内很多互联网公司都更换过域名。有些是因为初期的域名比较长、不好记，发展壮大以后更简易，也和公司品牌更贴近的域名。还有些是随着公司的发展，品牌发生了一些变化。或者是为了配合公司的发展方向的改变。京东开始的域名是 http://360buy.com，以至于很多人都以为它和 360 公司是一家的，后来发展大了以后就开始了域名的更换计划，从 http://jingdong.com、http://3.cn 到现在用的 http://JD.com；小米开始的域名还是全拼 http://xiaomi.com，后来为了配合国际化的脚步，买了现在的域名 http://mi.com，不过这个域名对小米的发展也有很大好处，很贴合它的商标。

（五）非专利工业专有技术

非专利技术又称专有技术。它是指不为外界所知、在生产经营活动中已采用了的、不享有法律保护的、可以带来经济效益的各种技术。非专利技术一般包括工业专有技术、商业贸易专有技术、管理专有技术等。

工业专有技术，指在生产上已经采用，仅有少数人知道，不享有专利权或发明权的生产、装配、修理、工艺或加工方法的技术知识，可以用蓝图、配方、技术记录、操作方法的说明等具体资料表现出来，也可以通过卖方派出技术人员进行指导，或接受买方人员进行技术实习等手段实现。

与专利权不同的是，非专利技术没有在专利机关登记注册，依靠保密手段进行垄断。因此，它不受法律保护，没有有效期，只要不泄露，即可使用并有偿转让。

三、知识产权的申请与保护

许多职校生虽然对自主创新创业抱有较大热情，但缺乏自主创新创业的相关专业知识。由于职校生的创新创业一般都涉及高新技术产业，因此，对知识产权的了解与申请保护对职校生创新创业者来说尤其重要。

（一）知识产权申请

1.专利申请

第一步：确定专利申请内容。在进行专利申请时，要首先确定专利申请内容。专利申请内容简析见表6-1。

第二步：准备专利申请材料。知识产权是国家对发明、新技术、文字作品等进行的有效保护。知识产权，不仅关乎企业单位，也关乎个人。那么，不管是个人还是单位想要申请知识产权，就需要提交以下材料。

（1）创作者身份证明。对于一个技术或者是文字或者是发明来讲，一定有一个创作者，这个创作者，必须是此申请物的最原始或者是接手他人委托后进行最终确定创作的人。简单来讲，要提供创作者身份证明。

表6-1　专利内容要点简析

专利类型	发明专利	实用新型专利	外观设计专利
专利概念	针对产品、使用方法或者其改进所提出的新的技术方案	针对产品的形状、构造或两者结合所提出的实用的新的技术方案	针对产品的形状、图案或相结合以及色彩与形状、图案的结合所做出的富有美感并适用于工业应用的新设计

续表

专利类型	发明专利	实用新型专利	外观设计专利
专利特点	创造性地解决某项技术难题	改进现有产品，提升其性能	通过图案、色彩设计使外观呈现美感
专利授权的实质条件	具备新颖性、创造性、实用性特点		
专利保护时间	申请授权时间较长，专利保护时间为20年	专利保护时间为10年	专利保护时间为10年
专利保护的内容	产品和方法	有形状和结构的产品	有形状并且外观有美感的产品

（2）公司营业执照。如果创作者属于公司，要以公司的名义来进行知识产权的申请的话，那就必须向申请单位提交公司的营业执照。

（3）作品说明书。作品说明书是对申请品的简介。如果是发明的话，就要附这个发明的物品的具体照片以及具体的描述，包括颜色、尺寸和功能等。而如果是文字的话，就用概述的方式来表述这个作品。如果是技术的话，就要对其整个操作过程以及影响进行说明。

（4）著作权归属协议。如果申请的作品是某个人所写，但是在公司里写的，这样在申请的时候，同时要提交与公司签约的著作权归属协议，这样证明把作品的著作权归属于公司，而不是以个人的名义申请。

（5）权利保证书。权利保证书就如同我们写保证书一样，保证这个发明、作品或者是技术是由个人或者是公司完全独立完成的，没有抄袭他人，引用他人，并且保证所提交的所有信息和资料是真实的、有效的、合法的。

（6）作品登记申请表。作品登记申请表是很重要的一项，必须注意的是，这个申请表里的所有信息，包括申请人资料，公司的材料，都要与你所提交的其他的资料是相匹配的，一旦两者出现分歧，申请就会无效。

第三步：递交申请材料，等待专利局审查。通过邮寄或亲自到北京专利局大厅将资料递交给专利局审查，一周左右下达受理通知书。

第四步：专利局审查，授权专利。专利局对申请文件进行审查，审查合格授予专利权，审查不合格由申请人答复意见。在需要申请人答复时，申请人应该了解问题核心，避免答非所问。

2.软件著作权申请流程

第一步：网上填报。到"中国版权保护中心"进行登记申请，按要求填写"计算机软件著作权登记申请表"。

第二步：准备材料。

（1）软件使用说明书——图文并茂，内容越详细越好。

（2）源程序——源代码需要全体代码的前30页和后30页，中间可以不连续，共60页，若不够60页需要附上全部源代码，源代码每页要求不少于50行。

（3）登记表——在网站上填写的登记信息。

（4）著作权人的材料——著作权人为自然人的，应提交有效的自然人身份证复印件（正反面复印）；著作权人为企业法人或事业法人的应提交有效的企业法人营业执照或事业单位法人证书副本复印件，并需加盖单位公章。

第三步：办理软件著作权。办理软件著作权可到登记大厅现场办理，也可使用挂号信函或特快专递邮寄到中国版权保护中心软件登记部进行办理。

第四步：等待公告发证。公告后发放证书。

扩展阅读

申请知识产权注意事项

所有其他的提交材料都是为作品登记申请表服务的，所以，所有材料的真实度必须与申请表里的其他材料的真实度保持高度一致。千万不要因为疏忽而导致申请额外的材料与申请表里的材料发生了冲突，只能被审核方打回，重新申请。

一般而言，审核方审核完后，如果不通过，会在审核的意见里填有不通过的原因，可以根据上面的材料进行再次确认，一般情况下，原因可能是无法证实此作品属于个人原创或公司原创，所以务必在这个方面下功夫，需要提交你初创这款作品的时间证明，以及完成的证明。

可以多次申请没有时间的规定。被退回来后，可以在规定的时间内，重新准备材料后，二次提交。

（二）知识产权的保护

在"大众创新，万众创业"的环境下，越来越多的大学生进行创业。尽管创业能证明职校生的能力，实现自我价值，但并非一帆风顺的，总会面临各种问题和挑战。如果创业者把大部分的精力和财力都投入到产品研发和市场推广上，而忽视了进行专利申请、版权登记和商标注册等知识产权保护方面的工作，则很可能会因为知识产权问题，而使创业公司遭受重创。做好知识产权保护工作对创业公司至关重要。

⊕ 案 例

搜狗与百度"输入法专利"之争

2015年10月，搜狗公司以8件输入法专利权被侵犯为由，将百度公司诉至法院，向百度公司索赔8000万元。11月，搜狗公司又就9件专利向法院提起诉讼，指控百度公司的百度输入法侵犯其专利权，并提出1.8亿元的赔偿请求。总计2.6亿元的索赔额刷新了我国专利诉讼索赔数额的纪录。

作为输入法软件市场的先行者，2006年，搜狐公司正式发布搜狗输入法产品。同样是在2010年，百度公司推出百度输入法，正式进军输入法市场。

"此次诉讼涉及的专利，都是输入法中比较重要的。正是根据这些专利的重要性，我们权衡之后提出了这样的索赔金额。在搜狗输入法产品研发方面，搜狗公司也在近10年间投入了大量的人力、物力来对它进行不断的创新和完善，这也是我们索赔的重要依据。"搜狗公司相关负责人表示。

面对搜狗公司的专利攻势，百度公司已就相关专利向国家知识产权局专利复审委员会提起了专利权无效宣告请求。2016年4月5日，国家知识产权局专利复审委员会对其中一个无效宣告请求案进行了公开口头审理。

业内有观点认为，搜狗公司和百度公司的输入法之争其实是为了抢占互联网入口。输入法是人机交互的主要手段，也是进入互联网的第一入口，互联网企业通过分析用户输入的字符，可以收集用户信息和个性化需求，这为企业向用户定向推送产品和服务提供了准确依据。

点评： 搜狗公司与百度公司此次在输入法市场上的短兵相接，背后是输入法软件巨大的市场潜力。近年来，输入法软件已经成为除浏览器和即时通信软件外，我国网民使用最频繁的软件之一。越来越多的互联网企业试图通过打进输入法市场，来增加用户黏性，争夺用户流量。互联网行业作为知识密集型行业的典型代表，知识产权也成为互联网企业在市场竞争中最重要的武器之一。

1. 保护知识产权有利于激发创造性

知识产权与我们每一个人的利益息息相关，知识产权更是与整个社会的创造力息息相关，保护知识产权是对创造者的尊重。一旦这种尊重受到挑战，被践踏，那么，企业、作家、音乐家、科学家等就会失去创新创造的动力，这种动力的消失，其实也是民族竞争力的消失。

20世纪90年代，我国原创音乐盛行，一批优秀的唱片公司与音乐人不断涌出。但随之而来的是盗版唱片与音乐网站，将音乐人费尽心血创作出来的作品共享于各大平台，使音乐人失去了经济回报，唱片公司卖不出唱片，投身音乐的艺术工作者对前途感到迷茫，从而失去了继续创作优质音乐的动力。这些都使得中国乐坛的原创能力遭到重创，唱片业几乎被盗版摧毁。

建立一个知名品牌就是建立了一张名为诚信的名片，任何投机取巧永远只配取短视之利，永远的"山寨"换之而来的是一个永远没有未来的明天。我国在 2001 年 12 月加入世贸组织后，对保护知识产权就加以格外的重视，也是从那时开始，国家意识到保护知识产权能够增强经济实力，我们的民众与企业都纷纷意识到，保护知识产权能为企业带来显著的经济利益。

正因为此，我国近年来，加大力度保护知识产权，维护创造者的权益，严厉打击"山寨"，保护民族品牌。

2. 保护知识产权能有效保护创意

在创业过程中，创业者靠自己的智慧和汗水构思创意，研发产品，打造品牌。如果在这个过程中，创业者知识产权保护的意识不强，那么很有可能自己的好点子被别人抄袭，所以创业者要有进行专利申请、版权登记和商标注册的意识，并积极行动起来，保护自己的作品，懂得通过知识产权保护的途径，来保护创意，维护权益。

3. 保护知识产权能为创业企业带来经济效益

知识产权的专有性决定了企业只有拥有自主知识产权，才能在市场上立于不败之地。知识产权对于创业企业吸引投资也是非常有利的条件。投资人在考察创业项目时，如果这个创业团队申请了专利或者进行了版权登记、商标注册，投资者会认同创业团队的风险意识和团队的核心价值保护意识。对于这样的创业公司，只要创业的切入点有前景，投资人很愿意选择与其合作。

创业企业的技术、品牌、商业秘密等无形财产在企业发展中能发挥巨大作用，保护知识产权，能够为创业企业带来巨大经济效益，增强经济实力。

4. 保护知识产权就是保护企业的财产

创业企业的专利和版权是有价值的，企业可以将其授权给其他企业，从而获得授权费用，也可以与其他企业交换使用，节省出专利费用。当初不断亏损的摩托罗拉和诺基亚手机部门，出售时的价格仍然高于本身的股价，就是因为他们有庞大的专利体系。所以说，对于创业公司来说，保护自己的知识产权也是保护企业的财产。

随着时代的进步和发展，国家知识产权相关法律法规也不断完善。从事高新技术创业的大学生团队，应制定出一套切合实际的知识产权保护策略，并专人负责知识产权的保护与管理，提高应对国内竞争对手、国外企业知识产权纠纷的能力，切实提高创业企业竞争力。在竞争日益激烈的创业大市场，大学生创业者只有基于自身特点，处理好各种关系，找准"落脚点"，宣扬知识产权文化，树立知识产权保护意识，才能不被淘汰，闯出一片新天地。

课后练习

1. 你还知道哪些比较好的商业模式？请与同学们分享。

2. 公益创业的资金问题一直备受争议。你认为，公益创业获得的利润是否应该进行利润分配？请查阅相关资料后讨论。

3. 知识产权的类型有哪些？

4. 职校生创业者进行知识产权保护的意义是什么？

5. 案例分析：有个人提了这样一个问题，我一直潜心专研黑客技术，凭借高超的技术、辛劳的工作，破解了一款很知名的软件，现在我打算凭借这个软件的破解版本创业，我是不是具有自己的知识产权？该怎么保护呢？请问你认为他具有知识产权吗？为什么？

项目七　职校生创新创业项目计划书

导读

创新创业项目计划书，又叫商业计划书或项目计划书，是创新创业者将创新创业的想法，用书面文字或者PPT展示出来的记录，是对构建一个企业的基本思想以及对企业创建有关的各种事项进行总体安排的文件。

就像求职信一样，一个项目不能只有一份计划书，其用于不同目的时，计划书也会有不同的撰写规则。

本项目专门针对创业实战、创业融资、创业大赛三个角度来介绍创新创业项目计划书的撰写规则。

知识目标

- 了解创新创业项目计划书的作用和意义；
- 明确不同创新创业项目计划书的不同作用。

能力目标

- 掌握创新创业项目计划书的撰写原则和撰写要点；
- 能针对不同需求独立撰写创新创业项目计划书。

任务一 创新创业项目计划书的种类

创新创业项目计划书是指创新创业者为了开展项目、融资、参加相关大赛而制作的计划书。

一份好的创新创业项目计划书的特点是：关注产品、敢于竞争、进行充分市场调研、有翔实的资料说明、表明行动的方针、展示优秀团队、良好的财务预计等，从而能够使合作伙伴更了解项目的整体情况及业务模型，也能让投资者判断该项目的可营利性。

创新创业项目计划书就像个人简历一样，不可能一份计划书打天下，而应该根据其用途进行有针对性的描写，尤其是要根据不同的创业阶段更改和调整自己的项目计划书。

一、实战用的创新创业项目计划书

用于实战的计划书是在经过前期对项目调研、项目分析、盈利模式设计后，搜集与整理有关资料，整理出来的全面展示公司和项目目前状况、未来发展潜力及投入产出计划的书面材料。

项目计划书主要探讨以下问题：

（1）分析和确定创新创业机遇及内容；

（2）分析和确定企业发展战略及明确策略；

（3）分析确定企业成功的关键因素；

（4）确定企业实现发展目标所需的资源以及获取方式。

据调查，90%以上的创新创业者没有做过详细的项目计划书。因为一份详细的项目计划书是非常复杂和烦琐的，需要花费很多的时间、财力和精力，不少创新创业者不会做那么详细的计划书。

对大多数创新创业者而言，一份简单的计划书包括市场调研、项目说明、产品特点介绍、成本分析、自我优势分析、投资及赢利预期、竞争预判等。

这里强调一下，写项目摘要的重要性，即要学会用一张 A4 纸描绘完你的创业梦想。

二、融资用的创新创业项目计划书

企业在发展过程中为了获取更多的支持资金，而向风投、银行等机构进行融资，需要一份完整而详细的项目计划书，以此向投资人证明企业的发展潜力及投资人能够获得的收益。

与实战用的计划书不同，融资用的创新创业项目计划书其重点在于融资，想要获得资金支持，就必须证明自己的企业有更大的盈利空间，这样才能吸引投资人投入资金。

融资计划书包含了投资决策所关心的全部内容，例如企业商业模式、产品和服务模式、市场分析、融资需求、运作计划、竞争分析、财务分析、风险分析等内容。

要用简练的语言对项目进行描述，即说明：准备出让多少股份来融多少资、融资的目的与用途是什么、项目的盈利能力如何、投资人的回报预期等，提高项目可信度。

不同的投资人有不同的项目计划书模版，但基本可以参考下面的范式。

（一）经营状况

1. 企业经营状况介绍。

2. 市场预测。

3. 基础设施介绍。

4. 市场竞争态势与对策。

5. 项目盈利能力预测。

6. 贷款运用与预期效果。

7. 总结与说明。

（二）财务数据分析

1. 资金来源与运用。

2. 设备清单。

3. 资产负债表。

4. 收支平衡分析。

5. 收入计划：

（1）三年期汇总损益表；

（2）第一年按月现金流量表；

（3）损益表说明。

（三）辅助文件

辅助文件就是用来证明或支撑自己以上介绍的材料。

正文部分要注意以下几个问题。

1.介绍企业发展历程

要把企业由小到大的发展经历概述放在前段，即要突出经营业绩，展示各种荣誉，在同行业所处的优势地位，项目的特点及企业今后发展前景。

2.市场预测

这部分先将整个市场状况介绍给对方，然后论述本项目在市场中的地位和发展趋势，做到三符合，一要符合国家产业政策，二要符合技术的领先性和发展趋势，三要符合可行性和可操作性。

3.市场竞争态势与对策

如果产品面向全国市场，要把同行业中主要竞争厂家做对比分析，包括生产规模、产品类别、主要市场分布及市场份额等。

4.贷款使用与预期效果

这部分主要说明资金投向与资金回笼，即借款是用于购买设备、技术、铺面，还是进行基础设施建设，还是增加流动资金，扩大经营规模；投资预期效果如何，如何还贷等问题。

5.资金来源

项目资金不可能全部由银行解决，公司必须有一定自有资金投入，借款可申请1/3 ~ 1/2，为保证资金安全，公司必须有财产抵押或担保。

6.财务分析

必须由专业人员编写，不可简单应付，而应有相关的附表。

7.辅助文件

辅助文件包括：

（1）项目建议书或可行性研究报告；

（2）政府有关部门批复文件；

（3）技术或专利应有相关证书等文件；

（4）企业资信证明；

（5）营业执照及纳税证明；

（6）其他，如土地证、环保达标证明等文件。

三、参赛用的创新创业项目计划书

参赛用的创新创业项目计划书虽然最终目的也是实现投资或者创业，但因为面对的主要对象是大赛的各级评委，故而创新创业项目计划书的撰写与面对投资人有所不同。

最关键的是，大赛创新创业项目计划书一定要根据大赛的要求和评分规则进行书写。

比如，"互联网＋"大赛中，它分为主赛道、职教赛道和红旅赛道，主赛道还分为创意组、初创组和成长组等组别，各组评分标准有所不同。如果按一个固定的模式去写项目计划书则会出现"牛头不对马嘴"的失误。从往届大赛项目来看，不少好项目惨遭淘汰都是因为这个。

有些大赛重视创意，一定要强调项目的创新性；有些强调的是市场的落地性，要考虑市场容量的问题。大赛中还会对不同的创业团队进行分组，按照成熟度、项目种类等划分为不同的组别。这需要想要参赛的职校生根据自己的项目具体分析，有针对性地准备。

对创意组的项目，大赛评委主要关注的是参赛项目的创新性、团队协作性等内容，而对商业性的关注相对较弱。因此，撰写大赛创新创业项目计划书的时候，我们要强调的是自己项目的新颖性及相关证明材料；关注团队的组建方式和人员的能力互补；落地性的描述是否合理，不需要分析太多的财务预算和报表；最后就是"对就业的拉动情况"分析。很多选手用参加其他大赛的项目计划书来参加"互联网＋"大赛，往往不去描写这一点，就会直接丢分。

而在初创组和成长组的比赛中，评分重点发生改变。他们更多地关注项目的商业性和落地性，甚至是直接规定了项目接受投资的次数，规定营业额的多少、赢利情况和市场占有率、每年的增长率，所以这里的财务报表就要求得更为详细，需要真实的数据来支撑。同样，这类项目也要关注对就业直接拉动或间接带动的情况。

此外，因为是参赛项目，评委关注每个选手的时间不多，因此一定要写好创新创业项目计划书的摘要部分，吸引评委继续读下去，否则可能因为吸引不了评委的目光而惨遭淘汰。

任务二 创新创业项目计划书的写作要点

一份好的创新创业项目计划书必须呈现竞争优势与投资者的利益，同时也要具体可行，并提出尽可能多的客观数据来加以佐证。而如何避免计划书"石沉大海"，一些必要的原则是需要掌握和运用的。

一、创新创业项目计划书的一般内容

"一个组织的基本哲学思想对组织的作用比技术资源、经济资源、组织机构、创

新和抓住时机的作用更大。"IBM 公司创始人托马斯·沃森这样说过。创新创业项目计划书要描述的正是这样的"一个组织的基本哲学思想"。创新创业项目计划书是将有关创业的许多想法,借由白纸黑字最后落实的载体。所以,明确创新创业项目计划书的写作方法,是必不可少的一部分。

对于一个新创办的企业来说,创新创业项目计划书所反映的是企业的现实需要和需求,体现的是创业者及其经营团队的创业理念和创业目标,表明了企业的发展方向和产品或服务的市场潜力等。因此,创新创业项目计划书是汇集整个经营团队的思想和智慧写出的真实想法。对创业企业将来的发展起指导作用。创新创业项目计划书的内容一般如下。

(一)封面

封面包括创办企业的名称、地点、性质、创办者姓名、电话等内容。封面是顾客或投资者最先接触到的,要从审美和艺术的角度去设计,力求达到最佳的视觉效果。当然也要兼顾内容,不能只看漂亮的封面而忽视了封面上的文字,好的封面会使阅读者产生亲近感,使之有兴趣继续看下去。

一般排版格式如下:

编号:BJ-XY-001

密级:秘密(或机密、绝密)

标题:××××商业计划书

落款:(机构名称)

时间:××××年××月××日

标题体现核心主题,密级体现项目的保密程度和策划者的保密意识,编号体现档案管理水平。建议封面单独成页。根据项目的内容和对象不同,封面可适当包装一下(如硬皮面、塑料皮封面等),以体现质量、实力和风格。一般来讲,封面上最好无图案。但对于承接工程建设项目类的商业计划书,也可把设计的造型或已有的成果作为背景,以突出主题。

(二)计划摘要

摘要是整个计划书最前面的部分,它浓缩了整个创新创业项目计划书的精华,是阅读者了解整个计划书最直接的部分。所以它必须涵盖计划的全部要点,内容上要简洁,一目了然,使阅读者在最短的时间内评审计划并做出判断。

摘要一般包括以下内容:企业介绍、产品或服务范围、市场概貌、营销策略、生产管理计划、管理者及管理方式、财务计划、资金需求状况等。

在计划摘要中，创业者必须回答以下问题。

（1）企业所处的行业，企业经营的性质和范围。

（2）企业主要的产品。

（3）企业的市场在哪里？谁是企业的顾客？他们有哪些需求？

（4）企业的合伙人、投资人是谁？

（5）企业的竞争对手是谁？竞争对手对企业的发展有何影响？

职校生创新创业项目计划书的摘要内容应有鲜明的特点，如在介绍企业时，首先要介绍创办企业的思路、思想等，要让阅读者感受到大学生创业的独特之处，并通过对市场的调查，说明企业产品或服务的市场价值及潜在市场，结合现有市场产品或服务的市场环境，用自己的创新思想使阅读者对你的产品或服务感兴趣。

（三）产品或服务介绍

一般而言，产品介绍应包括以下内容：产品介绍、产品的市场竞争力、产品的研究和开发过程、发展新产品的计划和成本分析、产品的市场前景预测、产品的品牌和专利。在这部分，创业者要对产品或服务进行详细的说明，说明要准确，也要通俗易懂，使非专业的投资者也能明白。可以围绕以下问题展开。

（1）企业的产品或服务能为顾客解决什么问题？

（2）与竞争对手的产品或服务相比具有哪些优劣势？顾客为什么要选择本企业的产品或服务？

（3）企业为自己的产品采取了何种保护措施，拥有哪些专利、许可证，或已与申请专利的厂家达成了哪些协议？

（4）企业的产品或服务定价如何保证企业的利润？

（5）企业采取何种方式去改进产品的质量、性能，对开发新产品有哪些计划？

（四）市场环境

市场环境部分，主要明确产品或服务市场的现有情况和态势，详细了解竞争对手情况，以及顾客和供应商特征等。

1.市场情况

市场情况主要是通过对目标市场的调查，明确这一市场的规模、增长趋势和特点。它决定了新创企业在这一市场的发展潜力，是否有足够大的发展空间，是否会吸引其他企业大批加入，导致竞争进一步加剧。

2.竞争情况

从竞争对手的现状，包括数量、构成等数据，显示新创企业在这一行业立足的可能性以及通过何种途径闯出立足之地。分析自己的优势、劣势分别在哪里，如何保持优势，弥补劣势，保持优势的资本是什么。

3. 顾客分析

即确定企业产品或服务的目标市场顾客，分析企业的产品或服务会被哪些人所接受，这些人数量有多大，潜在消费群有多大，这些分析将为企业制订营销计划提供依据。

4. 供应商分析

这里的供应商是指与新创企业有联系的关系单位或长期合作单位。要对其进行实力、信用、价格等方面的评估，在此基础上选择合适的供应商。

（五）企业介绍

这部分主要包括企业的目标、经营团队及创建后的基本情况等。

1. 企业目标及形态

企业目标即通过对市场的了解，确定新创企业的市场目标，也就是产品或服务的领域、目标顾客、企业所要达到的预期目标等等。企业形态，也就是企业的法律形态，如合伙制、股份制或个体工商户。

2. 经营团队

通过对经营团队的介绍，计划书中要回答：团队的构成（包括成员的年龄、学历、经历、业绩和专业特长等）、各自所承担的任务、每个成员对自己的客观评价、如何弥补团队中可能存在的不足等。

对团队成员的介绍，一定要真实、客观，特别要突出各成员在前期市场调查中所做出的成绩，以表明个人和团队的工作能力。创业者的素质和技能是投资者评价创业计划的一个重要内容，因为创业者是新创企业能否在市场竞争中生存的关键因素。

3. 企业创建后的基本情况

企业的基本情况包括名称、法律形式、注册资本、经营场所、资本结构等内容。这些内容旨在使阅读者对成立后的企业有基本的了解。

除此之外，还有以下三个方面值得注意。

（1）在明确企业生产目的之后，将各部门的职权划分及负责人基本情况通过一定方式（如组织结构图）描绘出来，并表明其相互关系。应尽可能明确研发、生产、营销、财务等职能部门的划分和职权与职责。

（2）规定企业组织制度和企业文化。通过制度和企业文化，可以规范企业员工的行为，明确相互之间的分工合作关系，特别是在市场经济环境下成长起来的企业，更应特别注重对企业文化的培养。好的企业文化对于企业的发展方向和企业员工的凝聚力以及保持创新、创业的精神都具有十分重要的作用。从这里也可以看出作为新创企业的管理水平和创业者及经营团队基本素质的高低。

（3）明确企业人力资源管理和发展计划。人力资源是企业的生存之本，企业要为其提供良好的发展空间，为其能力的发展提供广阔的平台，为其进一步深造提供机会。这一切都要在计划书中体现出来，既要为吸引优秀人才打下坚实的基础，又要为留住优秀人才做好充分准备。

（六）营销策略

在确定了产品或服务的目标市场和目标顾客之后，创业者就该制订营销计划了。营销是企业最富挑战性的环节。现代社会中，制订营销计划，是在对市场进行全面分析的情况下完成的。我们一般采用形势分析法，即 SWOT 分析法。

SWOT 是指机会（opportunity）、风险（threats）、相关的优势（strengths）和劣势（weaknesses）。优势和劣势是针对企业及其产品而言的，而机会和风险则通常指企业难以控制的外部因素。SWOT 分析法主要是把握企业及其产品或服务的优势和劣势，明确存在的风险和在市场上获取成功的机会。在此基础上，考虑如何努力发掘优势，克服劣势，把握机会，规避风险。

一般而言，营销策略主要包括以下几个方面：

（1）确定目标市场；

（2）制定产品决策；

（3）制定价格决策；

（4）制定销售渠道决策；

（5）制定促销计划和广告策略。

（七）生产运作

生产运作计划应该包括以下内容：产品制造和技术设备现状；原材料、工艺、人力等安排；新产品投产计划；技术提升和设备更新要求；质量控制和质量改进计划等。

（1）生产资源需求。确定创办企业的相关资源，如土地、厂房、设备、技术、管理团队等，并且根据实际情况进行追加或者减少，需要列出拟创企业的生产资源需求以及相应的资金需要计划。

（2）生产活动过程。创业计划需要对整个生产流程进行介绍，并明确企业的着重点。拟创企业是包揽所有环节还是只从事部分的环节，员工是否具备生产所需的技能，以及拟创企业是否已经掌握成熟的生产工艺。

（3）生产目标控制。不仅包括产量目标，还包括企业为保持竞争优势应达到的质量控制目标和成本控制目标。

（八）财务计划

财务计划是创新创业项目计划书中最为重要的部分之一，一份好的经营计划概括地提出了在筹资过程中创业者需要做的事情，而财务计划是对经营计划的支持和说明。在创业初期，资金的筹措是非常关键的，也是验证创业计划可行性的关键步骤。创业项目的经济效益是衡量投资回报的重要依据，同时要对企业未来的财务状况做出分析与预测，并提供足够的证据对所做的计划和分析予以支持。

财务计划需要花费大量的时间和精力做具体分析，包括现金流量表、资产负债表以及损益表等。对于创业企业来说，现金流量表是投资者最为看重的，因为资产负债表和损益表都是企业创办并经营一段时间后的运营情况反映。一般来说，财务计划包括以下内容。

1. 成本项目构成及预测

对职校生来说，预测成本不是一件容易的事。最好的办法就是参照同类企业的成本，再根据企业的实际情况计算。一般来说，新创企业都要把成本分为不变成本和可变成本两大类，其中，不变成本是指那些在一定时期、一定业务量范围内固定不变的成本，包括固定场所的租金、企业的开办费、保险费、工商管理费、折旧费等。可变成本是指那些随着生产或销售量的变动而变动的成本，包括原材料费、水电费、燃料费、销售费用等。预测成本时，可以先按类别划分预算，然后相加，求得总成本。

2. 预测现金流量计划表

现金流量计划是以收付实现制为原则，综合反映一定期间企业现金流入、流出和结余情况的一种财务计划。预测现金流量计划表，搞好资金调度，可以最大限度地提高资金使用效率，避免受到现金短缺的威胁。在市场经济条件下，现金流量情况在很大程度上决定着企业的生存和发展能力。预测现金流量计划表，还可以使潜在投资人据以评价新创企业或拟投资项目未来的现金生成能力、偿还债务能力和支付投资报酬的能力。投资者最为关心的是资金如何使用，以及企业经营一段时间后，是否有足够的流动资金支付日常生产经营和扩大生产规模所需的费用，是否有资金支付投资者的股利等。现金流量计划提供的信息恰好能满足潜在投资人的这些需求。

（九）风险与风险管理

创业是一种风险活动，良好的风险管理是创业初期能够成功和创业能够成熟的重要内容。风险管理中包括对风险的度量、评估和应变策略。理想的风险管理，是一连串事件处理排好优先次序的过程，使可以引致最大损失及最可能发生的事情优先处理，而相对风险较低的则压后处理。

一般来说，投资者最关心的问题主要有两点：一是创业者的商业创意、产品或服务是否具有唯一性；二是该公司的管理层能否胜任。创业者在编写创新创业项目计划书的时候，一定要着力从这两方面分析。另外，获取利益是投资者的根本目的，及早收回资金是投资的前提，所以对未来收益的财务预测、设计风险资金的退出之路也是计划书分析的重点。

二、创新创业项目计划书的撰写技巧

一台戏尽管情节生动有趣，但剧本拙劣苦涩，那么这台戏真正上演时也会索然无味。创新创业项目计划书的写作也是如此，只有形象有趣才能吸引更多人的参与和支持。

要使创新创业项目计划书引人入胜，在写作时可以想象一下剧本所采用的有关手法。剧本为了使读者一开始就进入入迷的状态，常常开始就制造一个悬念或描述一件使读者感兴趣的事件，一气呵成地提高观众的情绪，并且将这种气氛贯穿全剧。在这种气氛中，随着故事情节的进展，将剧情蕴涵的意义及主题传达给观众。在创新创业项目计划书的写作中同样也可以运用这种技巧。

可信性、可操作性以及说服力是创新创业项目计划书的生命力所在，也是创业计划所追求的目标。因此在撰写创新创业项目计划书时应十分注重可信性、可操作性以及说服力。

下面介绍在创新创业项目计划书撰写过程中常用的一些基本技巧。

（一）合理使用理论依据

要提高创业计划内容的可信性，更好地说服阅读者，就要为创业策划书的观点寻找理论依据，这是一个事半功倍的有效办法，但要防止纯粹的理论堆砌。

（二）适当举例说明

在创新创业项目计划书中，加入适当的成功与失败的例子既可以充实内容，又能增强说服力。在具体使用时一般以多举成功的例子为宜，选择一些国内外先进的经验与做法，以印证自己的观点，效果非常好。

（三）充分利用数字说明问题

创新创业项目计划书是为了指导企业营销实践，必须保证其可靠性。创新创业项目计划书的内容应有理有据，任何一个论点最好都有依据，而数字就是最好的依据。在创新创业项目计划书中，利用各种绝对数和相对数来进行比较对照是绝不可少的，而且要使各种数字都有可靠的出处。

（四）运用图表，使内容视觉化

图表有强烈的直观效果，并且比较美观，有助于阅读者理解策划的内容。用其进行比较分析、概括归纳、辅助说明等效果非常好。创新创业项目计划书要生动形象，最好还应视觉化。

所谓视觉化，就是将创新创业项目计划书中的内容尽量用各种图表、实物照片来表示，从而给读者留下直观的印象。读者可能对整段整篇的文字没什么记忆，却容易理解各种图案、流程图、箭头及图形边的简短说明，而且记忆也深。

（五）突出重点，切勿面面俱到

在计划过程中，过分贪求是要不得的，那样往往使一个创新创业项目计划书里面包含太多的构想，目标过多。

对于一个善于思考的人来说，就某个问题产生很多的想法是好的，但如果把这些想法全都纳入计划之中，则是不明智的。创新创业项目计划书中观点和想法太多，容易造成分不清创业策划的焦点和主体。

因此，优秀的创业策划书撰写者一定不会贪心，他们会把构想浓缩。即使有很好的方案，只要与主题无关，也会舍去。

（六）准备若干方案，未雨绸缪

当拟定创新创业项目计划书时，并没有硬性规定一次只能做一个方案。对于同一个主题，同时做出两个或三个创新创业项目计划书也是可以的。当然，有时撰写者会过于自信，认为自己的工作是完美无缺的，但从企业的实践而言，在对创业策划书进行审查时，一定会有种种的意见出现，所以事先准备替代方案是明智的。

有经验的撰写者会预测审查者可能提出的反对意见，或者了解他们的习惯，然后准备第二方案、第三方案。首先把第一方案提出，当反对意见出现时，撰写者就可以马上说："事实上我也认为这有缺点，所以我还准备了第二套方案。"

由于第二套方案已经包含了对第一套方案的批评，所以审查人员不能不赞成。更周到的撰写人员还往往准备第三套方案，以防万一。

总之，与其因第一方案遭否决而使自己全军覆没，倒不如事先准备好后备方案，使成功的概率大为提高。

（七）有效利用版面设计，增强感染力

创新创业项目计划书视觉效果的优劣在一定程度上取决于版面设计，故有效利用

版面设计安排也是创新创业项目计划书撰写的技巧之一。这包括选用的字体、字的大小、字与字的间距、行与行的间距、黑体字的采用以及插图和颜色等。优秀的版面设计能使创新创业项目计划书显示生气、突出重点、层次分明、严谨而又不失活泼。下面就为大家介绍几个版面设计时常用的技巧。

（1）标题可以分为主标题、副标题、小标题、标题解说等。通过这种简练的文字，可使创新创业项目计划书的内容与层次一目了然。

（2）用空白突出重点。用空白处将某一部分分开以示强调，这是使创新创业项目计划书易懂的常用版面设计方法之一。在正文中调整段落的长度，使用列举等方法留出更多的空白处。

（3）限制同一版面出现字体的数目。绝大多数的策划文案只使用三种或更少的字体，因为过于纷繁的字体会使版面显得过于花哨、喧宾夺主，且影响阅读速度。通常中文文字使用宋体、黑体、楷体等字体，英文文字使用 Times Roman, Palatino, Elite 等字体。字号使用五号、小四号、11 号等。

（4）使用阴影突出、适度着色和其他点缀方式。色彩可以有效地突出重点，蓝色、绿色、紫色深受年轻读者的喜爱，而 50 岁以上的读者对蓝色的接受程度渐渐消失。但如果计划书方案只在普通打印机上输出，就不必着色，因为无法看出效果。另外，着色过多也会适得其反。

（5）若使用识别符号来增加创新创业项目计划书版面的美感，最好在标题前加上统一的识别符号或图案来作为策划内容的视觉识别，而不致让人产生杂乱的感觉。

（6）版面的排列、设计不要一成不变。为了避免刻板老套，可以多运用图表、图片、插图、曲线图以及统计图表等，并辅之以文字说明，增加可读性。

（八）重视细节，完善创新创业项目计划书

细节往往被人忽视，但是对于创新创业项目计划书来说这些细节却十分重要。因此，我们在书写创新创业项目计划书时还应注意下面几个问题。

（1）创新创业项目计划书中的错字、漏字会影响阅读者对策划者的印象。企业的名称、专业术语更不能出现错误。

（2）一些专门的英文单词，差错率往往是很高的，在检查时要特别予以注意。如果出现差错，阅读者往往会认为是由于撰写者本身的知识水平不高所致，这就影响了对创新创业项目计划书内容的信任度。

任务三 创新创业项目计划书模板

这里首先要做一个说明，创新创业项目计划书其实没有什么标准模板。所有的模板都是要求你能够把项目清晰地展示给对方。这里的对方可能是投资人，也可能是潜在的合作者，或者是政府部门。所以，按照不同的需求，针对性地写好计划书很重要。当然，计划书也是有一定的格式的，网上的格式很多，这里我们推荐一种。

创新创业项目计划书模板

一、项目的简要介绍

二、项目的内容

1. 立项依据：根据国内外现状、存在的问题以及发展趋势进行阐述。

2. 项目意义：就其对产业的进步、经济建设和社会发展的推动作用方面进行论述。

3. 项目的内容及目标：就项目的内容和目标进行阐述。

4. 项目可行性分析

（1）对项目进行可行性方面的分析，包括项目已有的单位、实力情况、现有条件、工作基础以及优势。

（2）就存在的问题以及解决办法等进行分析。

5. 需求预测及分析

（1）市场定位及市场分析。

（2）用户分析。

（3）市场环境及前景。

6. 完成项目采用的方法。就完成项目需要采用的方法进行阐述。

三、项目发起人、股东方、管理和技术支持

1. 项目发起方的背景：就项目发起方的情况进行说明。

2. 项目发起方的业务，包括近三年的财务报表。

（1）项目发起方的业务情况。

（2）项目发起方近三年的财务报表。

3. 项目发起方的主要股东和管理人员的简历。

四、市场和销售安排

1. 市场的基本情况：

（1）该产品的主要用途。

（2）地区、国内和出口市场的目前容量、增长率，价格变化等。

2. 该项目的生产能力、生产成本，单位销售价格、主要销售对象和预计市场份额：

（1）生产能力及生产成本。

（2）单位销售价格、主要销售对象。

（3）预计市场份额。

3. 产品的客户情况，销售渠道的安排：

（1）客户情况。就客户的情况进行说明。

（2）销售渠道。介绍销售渠道的安排情况。

4. 目前市场竞争情况：

（1）其他现有生产厂家。列举出其他生产厂家的情况，以及最具有威胁性的地方。

（2）计划新上的类似项目，替代产品的情况。列举出这些厂家的类似项目，替代产品的具体情况，指出其对现在项目的潜在威胁。

5. 类似产品进口的关税和管制情况。

6. 影响产品市场的主要因素：就能够影响产品市场的因素进行详细分析。

五、技术可行性、人员、原材料供应和环境

1. 项目计划采用的生产工艺。

2. 与其他公司合作的安排。

3. 项目的人员培训和关键技术的保证：

（1）人员培训。就人员培训进行阐述。

（2）键技术的保证。就关键技术的保证方面作出阐述。

4. 当地的劳动力和基础设施状况：就通信、交通、水源、能源和电力供应等方面进行详细说明。

5. 生产成本和费用的分类数据。

6. 原材料供应的来源、价格、质量。

7. 计划生产设施与原材料供应、市场、基础设施的关系。

8. 计划生产设施与规划与现有同类生产设施的比较。

9. 生产设施的环境因素和应对措施。

六、投资预算、融资计划和效益分析

1. 项目投资和资金安排。

2. 项目的资金结构：就股东的股本投入情况、股东贷款情况以及银行融资数额进行阐述。

3. 希望国际金融公司与银团的参与方式，股本、贷款或两者兼有。

4. 项目财务预测：就生产、销售、资本和负债、利润、资金流动、效益的回报进行预测。

5. 影响效益的主要因素。

七、政府支持、管理和审批

1. 当地政府的产业政策和投资方向对项目的影响。

2. 当地政府对该项目可以提供的鼓励措施和支持。

3. 该项目对当地经济的贡献。

4. 该项目需经过的审批手续和时间。

八、项目准备和进展的时间表

1. 进行项目分解：就实际情况将项目分解成几个比较小的模块。

2. 里程碑事件：列出该项目可能经过的几个里程碑情况。

3. 时间安排：就项目的具体时间安排进行分配。

4. 经费安排：就项目的每个周期以及分解情况进行经费的分配。

5. 人员安排：在各个项目模块以及时间段的人员安排情况。

课后练习

1. 融资用的商业计划书、创业用的商业计划书和参赛用的商业计划书分别有哪些不同的侧重点？

2. 尝试按照融资用的商业计划书、创业用的商业计划书及参赛用的商业计划书的不同要求，有针对性地各准备一份计划书。

项目八　职校生创新创业的资金筹措和风险管理

导读

这是一个全民创业的时代，每天有成千上万的创业企业诞生，创新创业资金对每家企业来说都非常重要。创业的启动资金从哪里来？企业发展的资金从哪里来？这是每个创业者都要思考的问题。了解融资渠道，掌握融资方法是每个职校生创新创业者都要学习的知识。只有在创新创业融资过程中找到适合自己的融资方式，适度融资，有效规避融资风险，才能保证创业企业的资金链，真正助力企业发展。

知识目标

- 掌握资金筹措的原则；
- 了解创业融资渠道；
- 了解天使投资融资、风险投资融资和众筹融资的方式；
- 掌握知识产权融资的方法和益处；
- 掌握融资规模的测算方法；
- 培养融资风险防范意识。

能力目标

- 提升学生资金筹措的能力；
- 提升学生防控融资风险的能力。

任务一　资金筹划

当前，我国职校生创新创业正面临一个好的时代机遇。如今的职校生是网络主力军，从小伴随互联网成长，接触到广泛的资讯，造就了职校生们追求不同、敢于创新的特质。但是，尽管职校生在创业过程中有来自政府、高校、社会的各方面的支持，职校生创新创业仍然面临很多障碍。创业的门槛不仅在于它需要更高的胆识、个人能力和前景广阔的创业项目运营，还在于它需要投入一定的资金以启动和维持项目。中国青少年网络协会发表的《全国大学生创业调研报告》中认为，"资金"问题是职校生创业过程中需要面对的首要客观因素（83.3%）。

"巧妇难为无米之炊"，职校生在自主创业之前一定要做好资金准备，尤其是那些资金需求较大的创业项目，更要考虑好资金的来源。一般来说，资金大多来源于家庭资助；另外，近年来国家鼓励职校生创业，有一定的政策支持；其他形式还有融资，包括向投资人、投资企业和风险投资公司融资等。

资本是企业的血脉，是企业经济活动的第一推动力和持续推动力。任何企业都是需要成本的，即便拥有再多的创业激情，没有资金的推动也无能为力。对初创业者来说，快速稳妥地筹集资金，是创业成功的重要因素。

创业资金的筹措有以下几项原则需要遵守。

一、资金筹措要适度

资金要与创业项目相适应，并不是说资金越多越好。任何资金都是有成本的，都要向企业索取回报，因此，资金要适度，不要一味追求大量资金。

那么，怎样的规模才算适度呢？创业资金需求主要取决于哪些因素呢？

（1）最低的有效规模，这是指创业企业实现最低单位生产成本的产量水平。创业者通常需要准备好可以实现最低有效规模的资金，否则将处于竞争劣势。

（2）盈利能力。其他条件相同时，盈利能力越强，创业企业越有能力从内部满足资金需求，同时对外部融资需求也就越低。

（3）现金流。现金流水平低的创业企业需要更多的资金；反之，现金流水平高的企业只需要少量资金。创业者在筹措创业资金时，必须是以能支付公司创业第一年内所有运营开销为目标。

（4）销售增长率。销售增长率越高，要求创业企业增加的投资越多，需要的资金也就越多。此外还有一些其他因素也会影响创业资金需求。比如，创业者对于营运资本和现金流的管理能力，有效地管理营运资本和现金流可以显著地增强创业企业的盈利能力，从而减少对资金的需求。

二、保持控股

不少创业者在苦于没有资金的时候，往往视投资者为救命稻草，出让自己的公司股份，甚至出让控股权。百度首席执行官（CEO）李彦宏曾说："不要轻易将主动权交给投资人，在创业过程中没有人会乐善好施，一定在尚不缺钱的时候借到下一步的钱。"多数创业者都是在企业面临资金困难时才想到融资，他们并不了解资本的本性。资本的本性是逐利，不是救急，更不是慈善。不论创业者的志气有多高，魄力有多大，都应该在不缺钱的时候就考虑融资策略，与资金方建立广泛联系。作为创业的创始人，你不知道什么时候就会需要他们的支持。

对想创业的职校生而言，最简单的一个方式就是学会"借力"。借助以下几点原则和方式。

（一）敢于借钱

一谈到借钱，有的人就害怕。有的人说："我这个人借了别人的钱，就吃不香、睡不着，整天压在心里很难过。"一个人要创业、发展，就要敢借钱。最简单的方式就是和父母或者亲朋好友借少量的本钱作为创业启动资金，当然前提是做好创业计划，切不可盲目行事。

（二）要有信誉

俗话说：有借有还，再借不难。对于职校生来讲，信誉度是无价的资本。无论进军何种行业，都一定要在自己的"信誉银行"里多"存"一些，切不可让"信誉银行"变成负值。良好的信誉度，不仅可以为创业者在用户面前赢得美誉和口碑，也会降低商业运行资本，这些在和经销商、供应商等商业链条的关系处理中能发挥巨大的作用。

（三）双方有利

亲朋好友可能不一定要你的"利"，但作为创业者，要有一种感恩的心，要懂得知恩图报。困难的时候，别人帮了你，你一定要感谢别人，要给别人一定的回报。成功的人一般都是懂得感恩的人。

（四）要循序渐进

通常，资金的需求随着企业的规模扩大而逐渐增加，新创企业的利润一般赶不上企业的资金需求。但任何资金都有成本，对新创业的职校生来说，不仅要筹集新创企业需要的资金，还要对企业的发展做出预期判断，提前准备发展所需要的资金。资金的准备要循序渐进，合理规划，保证资金的最大利用度和最大回报率。

案 例

隐患极大的股权结构

广州市天河区法院认定，真功夫前董事长蔡达标职务侵占和挪用资金两项罪名成立，判处其有期徒刑 14 年，没收个人财产 100 万元。

蔡达标是中式快餐连锁企业真功夫的创始人，亦是真功夫的两大股东之一。另一位创始人和大股东，是其前妻的弟弟潘宇海。蔡达标和潘宇海两人为争夺公司控制权，缠斗多年。之后，潘宇海之妻窦效嫘向公安机关报案，2011 年 3 月 17 日，蔡达标被广州警方以"涉嫌经济犯罪"的名义带走。

真功夫事件发生后，很多人认为是因为家族矛盾所导致的，特别是蔡达标和潘敏峰的离婚是关键。但真功夫的问题不在于家族矛盾，而在于其股权结构，家族矛盾只是进一步加剧了股权结构不理想所导致的问题。

两个股东各占 50%，这样的股权结构很容易出问题。引进私募股权投资基金投资前，蔡达标和潘宇海各占 50% 股份。即使引入私募股权投资基金后，蔡达标和潘宇海的股权比例仍然是 47% 对 47%。真功夫的私募投资者之一今日资本的总裁徐新，早在 2005 年就向蔡达标表达了对真功夫蔡、潘两人各占 50% 股权的忧虑，徐新以自己多年的经验告诫蔡达标，这是一枚定时炸弹。

企业每个股东对企业的贡献肯定是不同的，而股权比例对等，即意味着股东贡献与股权比例不匹配，这种不匹配到了一定程度，就会造成股东矛盾。另外，这种股权结构没有核心股东，当股东发展思路不一样时，很容易造成股东矛盾。这在真功夫事件上，可谓体现得淋漓尽致。

点评：这种股权结构极易出问题。真功夫股东之间不信任合作，最后导致激烈冲突，应该是意料之中的事。

三、创业融资的原则

筹集创业资金时，创业者应在自己能够接受的风险范围的基础上，遵循既定的原则，尽可能以较低的成本及时足额获得创业资金。一般来说，创业融资应遵循以下原则。

（一）合法性原则

创业融资作为一种经济活动，影响着社会资本及资源的流向和流量，涉及相关经济主体的经济权益，创业者必须遵守国家的法律法规，依法依约履行义务，维护相关融资主体的权益，避免非法融资行为的发生。

（二）合理性原则

在创业的不同时期，企业对于资金的需求量不同，采用的融资方式可能也不同，创业者应根据创业计划，结合创业企业不同发展阶段的经营策略，运用相应的财务手段，合理预测资金需要量，详细分析资金的筹集渠道，确定合理的资本结构，包括股权资金和债权资金的结构，以及债权资金内部的长短期资金的结构等，为企业持续发展植入"健康的基因"。

（三）及时性原则

市场经济条件下机会稍纵即逝，要求创业者必须及时筹集所需资金，将可行的项目付诸实施，并根据企业投放时间的安排，使融资和投放在时间上协调一致，避免因资金不足影响生产经营的正常进行，同时也防止资金过多造成的闲置和浪费，将资金成本控制在合理的范围之内。

（四）效益原则

创办和经营企业的根本目的是获得经济效益，所以，创业者应在进行成本效益分析的基础上决定资金筹集的方式和来源。鉴于投资是决定融资的重要因素，投资效益与融资成本的对比是创业者在融资之前要做的重要工作，只有投资的报酬率高于融资成本，才能够使创业者实现创业目标；而且投资所需的资金数量决定了融资的数量，对于创业项目投资资金的估计也会影响融资的方式和融资成本。因此，创业者应在充分考虑投资效益的基础上，确定最优的融资组合。

（五）杠杆性原则

创业者在筹集创业资金时，应选择有资源背景的资金，以便充分利用资金的杠杆效应，在关键的时候为企业发展助力。大多数优秀的风险投资往往在企业特殊时期会与企业家一起，将有效的资源进行整合，如选择投行券商、进行 IPO 路演，甚至还会参与企业的决策。创业者不能盲目地"拜金"，找到一个有资源背景的基金更有利于企业的持续快速发展。

四、选择融资渠道

每个创业者在实施创业时，常常会面临到哪里筹集创业资金的问题，而且也不清楚适合自己的资金来源和融资方式组合。因此，熟悉各种资金来源和理解不同资金的要求和期望，显得异常重要。不了解这些，创业者在寻找启动资金时就会很茫然。

值得注意的是，职校生创业者要根据风险水平和企业产品生命周期的不同阶段（即婴儿期、创业期、成长期、成熟期）来选择合适的融资渠道。

（一）家庭资助

据调查，已经创业的职校生中，超过70%的职校生创业资金来源于家庭。这说明绝大部分打算创业的职校生，创业初期所需资金主要靠家庭资助。因此，可以说，家庭是职校生创业者的第一个"天使投资人"。

（二）巧用国家政策

国家出台了一系列政策鼓励职校生创新创业，其中包括小额贷款。职校生创业贷款，是银行等金融机构对各高校学生发放的无抵押、无担保的职校生信用贷款。随着国家对职校生创业的日益支持和重视，各级政府出台了许多针对职校生创业的贷款优惠政策。但要注意的是，小额贷款的获得有一些先决条件，必要时须在学院就业指导老师及当地人力资源部门的指导下争取。

扩展阅读

国务院办公厅关于进一步支持大学生创新创业的指导意见

国办发〔2021〕35号

落实普惠金融政策。鼓励金融机构按照市场化、商业可持续原则对职校生创业项目提供金融服务，解决职校生创业融资难题。落实创业担保贷款政策及贴息政策，将高校毕业生个人最高贷款额度提高至20万元，对10万元以下贷款、获得设区的市级以上荣誉的高校毕业生创业者免除反担保要求；对高校毕业生设立的符合条件的小微企业，最高贷款额度提高至300万元；降低贷款利率，简化贷款申报审核流程，提高贷款便利性，支持符合条件的高校毕业生创业就业。

（三）债权融资

以债权的方式向别人借债，商定借款利息和借款时间。这一方式需要签订借款合同，要规定借款的时间、利息，归还的方式和借款时限等。

案 例

甲乙二人合作成立了一家公司，因公司流动资金不足，向甲的妻子借款 100 万元用于公司周转，商定利息由公司承担。但在借款两个月时，甲的妻子擅自从公司账户划走 37 万元，导致公司预期安排的资金用途无法实现，这种情况直接导致公司客户的毁约，给公司业务造成严重损失。而当乙方准备向甲的妻子追究法律责任时，才发现没写明还款时间，导致无法追究。

债权融资形成企业的债务资本，也称为借入资本，是企业依法取得并依约运用、按期偿还的资本。向亲友借款、向银行借款、向非银行类金融机构借款、交易信贷和租赁、向其他企业借款等常用的债权融资方式。

创业者可以根据企业需要，结合筹集资金的目的，选择筹集长期还是短期的资金，一方面，使资金的来源和运用在期间上相匹配，提高偿还债务的能力；另一方面，尽可能降低资金的筹集成本，提高创业企业的经济效益。

（四）股权融资

股权融资是通过股权出让的方式进行融资，也就是把自己的股权折合成钱转让给别人，实际上也就是让别人以资金入股，这是职校生创业采用较多的一种方式。一般情况下，创业者是不太愿意出让股权的，创业最大的目的就是把企业做大，而股权的转让会造成自己控股能力的减弱，这是要慎重考虑的事。当然，我们也要看股权转让是否有利于企业的发展，有时自己虽然完全控股，但是规模很小；而出让股权后，企业的发展更有活力，规模增大。虽然股份少了，但是总的收益增加，对创业者而言还是利大于弊。

股权融资形成企业的股权资本，也称权益资本、自有资本，是企业依法取得并长期持有，可自主调配运用的资金。广义上的股权融资包括内部股权融资和外部股权融资。外部股权融资的方式包括个人积蓄、亲友投入、合伙人资金和天使投资等。内部股权融资主要是企业的内部积累。

创业企业在创建的早期，内部积累格外重要。采用内部积累方式融资符合融资优序理论的要求，也是很多创业者的必然选择。内部积累的资金来源主要是企业在经营过程中赚取的利润。鉴于创业企业在资金实力、经营规模、信誉保证、还款能力等方面的限制，创业企业往往会通过不分红或少分红的方式，将企业的经营利润尽可能通过未分配利润的形式留存下来，投入到再生产过程，为持续经营或扩大经营提供必要的资金支持。

股权融资是创业企业最基础，也是创业者最先采用的融资方式。股权融资的数量会影响债权融资的数量，股权融资的分布会影响创业企业未来利润的分配与长远发展。创业者在进行股权融资决策前应了解增加获得股权融资概率的方法，融资决策时应考虑投资者的特点和专长。

创业者是否通过合伙或组建公司的形式筹集资金，对于企业日后的产权归属和企业发展有着极为重要的作用。由于合伙企业既是"资合"又是"人合"，对于合伙人的选择尤为重要，如果创业者拟吸收合伙人的资金，则一定要认真考虑合伙人的专长和经验，以更好发挥团队的优势，各尽其才。在吸引风险投资商投资时，创业者要分析其声誉，专注投资的领域以及对投资企业的态度，选择最适合企业发展的投资商。

无论通过何种方式吸引股权投资，对合作者的专长和特质都要充分了解，以期寻求更长久的合作，谋求企业更好的发展；另外，对企业控制权的把握也是创业者必须考虑的因素，转让多少股权能够吸引投资又有利于对企业日后的经营，是创业者必须慎重选择且关乎企业健康发展的重要问题。

（五）适当贷款

1.抵押贷款

抵押贷款指借款人以其所拥有的财产作为抵押，作为获得银行贷款的担保。在抵押期间，借款人可以继续使用其用于抵押的财产。如果你家有购房意向并且手中有一笔足够的购房款，这时你可以将这笔购房款"挪用"于创业，然后向银行申请办理住房按揭贷款。住房贷款是商业贷款中利率较低的品种，办理住房贷款，手中的余钱用于创业成本更低。如果创业者已经购买有住房，也可以用现房做抵押，办理普通商业贷款，这种贷款不限用途，可以当作创业启动资金。

抵押贷款有以下几种形式：①不动产抵押贷款。不动产抵押是指创业者可以以土地、房屋等不动产作抵押，从银行获取贷款。②动产抵押贷款。动产抵押贷款是指创业者可以用机器设备、股票、债券、定期存单等银行承认的有价证券，以及金银珠宝首饰等动产作抵押，从银行获取贷款。③无形资产抵押贷款。无形资产抵押贷款是一种创新的抵押贷款形式，适用于拥有专利技术、专利产品的创业者，创业者可以用专利权、著作权等无形资产向银行作抵押或质押获取贷款。

2.担保贷款

担保贷款指借款方向银行提供符合法定条件的第三方保证人作为还款保证的借款方式。当借款方不能履约还款时，银行有权按照约定要求保证人履行或承担清偿责任。其中，适合创业者的担保形式有：①自然人担保贷款。自然人担保贷款是由自然人担保提供的贷款。可采用抵押、权利质押、抵押加保证三种方式。②专业担保公司担保贷款。

目前各地有许多由政府或民间组织的专业担保公司,可以为包括初创企业在内的中小企业提供融资担保,像北京中关村担保公司、首创担保公司等,其他省市也有很多类似性质的担保机构为中小企业提供融资担保服务。创业者可以通过申请,由这些机构担保向银行贷款。

3. 信用卡贷款

信用卡贷款表现为两种形式,一种是信用卡取现,是银行为持卡人提供的小额现金贷款,在创业者急需资金时可以帮助其临时的融资困难。创业者可以持信用卡通过银行柜台或者 ATM 提取现金灵活使用额度的 30%,最高的可以达到信用额度的 100%;除取现手续费外(各银行取现手续费不一),境内外透支取现还须支付利息,不享受免息待遇。另外,创业者可以利用信用卡进行透支消费,支付差旅费、购置企业急需的物资等。不管是信用卡取现还是透支,都必须按时还款,至少必须按时还最小还款额,或者申请分期还款。千万不能逾期,以免影响信誉。

4. 亲情借款

这是成本最低的创业"贷款"。创业初期最需要的是低成本的资金支持。如果亲朋好友在银行存有定期存款或国债,这时你可以和他们协商借款,按照存款利率支付利息,并可以适当上浮,让你方便快捷地筹集到创业资金,亲朋好友也可以得到比银行略高的利息,此举可以说两全其美。

(六)中小企业互助基金

我国中小企业发展较好的地区和城市(如江苏、浙江、安徽等地)近年来积极建立中小企业互助基金,以解决其抱团资助和危机互助的问题。这类互助基金多采取"政府支持、企业互助、金融合作"的模式,遵从"共同受益、共担风险、相互制约"的原则,实行会员制管理。政府投入较少资金作为启动资金,组建基金,设立章程。中小企业具备章程规定的入会条件就可自愿入会,缴纳一定的贷款保证金后成为会员单位,享有相应额度的担保或贷款便利。发生坏账时,基金会先用当时会员保证金抵扣,再有不足,则按比例抵扣其他会员的保证金。通过建立雇主基金,中小企业在承担一定保证金的情况下,即可在需要融资时,随时得到放大数倍的积极担保或直接贷款,从而较好地解决融资问题。

(七)天使投资

天使投资指个人出资协助具有专门技术或独特概念而缺少自有资金的企业家进行创业,并承担创业中的高风险和享受创业成功后的高收益;或者说自由投资者或非正式风险投资机构对原创项目构思或小型初创企业进行的前期投资，是一种非组织化的创业投资形式。

"天使投资"一词源于纽约百老汇，部分富人资助一些具有社会意义的演出的公益行为。对于那些充满理想的演员来说，这些赞助者就像天使一样从天而降，使他们的美好理想变为现实。后来，天使投资被引申为一种对高风险、高收益的新兴企业的早期投资。天使投资主要有三个来源：曾经的创业者、传统意义上的富翁、大型高科技公司或跨国公司的高级管理者。在有的国家，政府也扮演天使投资人的角色。

美国的天使投资者主要是美国自主创业造就的富翁，他们有扎实的商务和财务经验，大体在 40～50 岁，受过良好的教育，95% 的人持有学士学位，51% 的人拥有硕士学位；获得硕士学位的人，44% 现从事技术工作，35% 在商业或经济领域。在我国，随着经济的发展，一部分富人在希望自己越来越富有的同时，也开始充当天使投资者。

（八）风险投资

风险投资是指具备资金实力的投资者对具有专门技术并具备良好市场发展前景，但缺乏启动资金的创业家进行资助，帮助其实现创业梦，并承担创业阶段投资失败的风险。投资者投入资金换得企业部分股份，并以日后获得红利或出售该股权获取投资回报为目的。风险投资的特色在于敢冒高风险以追求最大的投资报酬，并将退出风险企业所回收的资金继续投入"高风险、高科技、高成长潜力"的类似高风险企业，实现资金的循环增值。

风险投资在我国是一个约定俗成的具有特定内涵的概念，把它翻译成创业投资更为妥当。广义的风险投资泛指一切具有高风险、高潜在收益的投资；狭义的风险投资是指以高新技术为基础，生产与经营技术密集型产品的投资。根据美国全美风险投资协会的定义，风险投资是由职业金融家投入到新兴的、迅速发展的、具有巨大竞争潜力的企业中的一种权益资本。从投资行为的角度讲，风险投资是把资本投向蕴藏失败风险的高新技术及其产品的研究开发领域，旨在促使高新技术成果尽快商品化、产业化，以取得高资本收益的一种投资过程。从运作方式来看，是指由专业化人才管理下的投资中介向特别具有潜能的高新技术企业投入风险资本的过程，也是协调风险投资家、技术专家、投资者的关系，利益共享，风险共担的一种投资方式。

风险投资具有以下优势：

（1）风险投资的支持为新创企业带来了良好的声誉，使新创企业的价值更容易被利益相关者（员工、顾客、供应商、政府、金融机构、媒体等）认可；

（2）风险投资为新创企业提供启动和扩展资金；

（3）风险投资者能够帮助创业者吸引一流人才，加入创业者团队；

（4）风险投资者能够在员工招聘协议、劳动合同、技术合同、财务管理、风险管理方面提供建设性的指导意见，发挥管理顾问、监督和评价的作用；

（5）风险投资者能够为那些没有市场部的新创企业提供市场发展的战略；

（6）风险投资者能够提供与政府监督管理相关的咨询和指导。

由此可见，对于创业者来说，获取风险投资的支持，不仅可以为新创企业赢得良好的声誉，打开通向其他融资渠道的方便之门，还可以给创业者带来额外的管理资源，帮助经营新创企业。

在完成以上工作之后，就基本跨越了创业尝试阶段，接下来就要进行正式的创业。创业者成为一个企业的老板，心态也应该进行调整。

（九）知识产权融资

知识产权融资也是职校生创新创业者最值得关注的融资方式，在国内外已有诸多成功案例。知识产权融资可以采用知识产权作价入股、知识产权抵押贷款、知识产权信托、知识产权资产证券化等方式。

1.知识产权作价入股

根据《中华人民共和国公司法》的规定，除了法律、行政规定不得作为出资的财务外，股东可以用知识产权等可以货币估价，并可以依法转让的非货币财产作价出资。对作为出资的非货币财产应当评估作价，核实财产，不得高估或者低估，必须通过专业的知识产权评估才可以作为出资依据。

2.知识产权质押贷款

知识产权质押是指合法拥有的专利权、商标权、著作权中的财产权，经评估后向银行申请融资，是商业银行积极探索的中小企业融资途径。知识产权质押融资可以采用以下三种形式：质押——以知识产权质押作为贷款的唯一担保形式；质押加保证——以知识产权质押作为担保形式，以第三方连带责任保证作为补充组合担保；质押加其他抵押担保——以知识产权作为主要担保形式，以房产、设备等固定资产抵押，或个人连带责任保证等其他担保方式作为补充担保的组合担保形式。

知识产权质押贷款仅限于借款人在生产经营过程中的正常资金需要，贷款期限一般为一年，最长不超过三年；贷款额度一般控制在一千万元以内，最高可达五千万元；贷款利率采用风险定价机制。质物要求投放市场至少一年以上；根据企业的现金流情况采取灵活多样的还款方式。

3. 知识产权信托

知识产权信托是以知识产权为标的的信托。知识产权权利人为了使自己所拥有的知识产权产业化、商品化，将知识产权转移信托给投资公司，由其代为经营管理，知识产权权利人获取收益的一种法律关系。依据知识产权的类型，结合我国目前已有的信托案例，当前的知识产权信托包括专科信托、商标信托、版权信托等方式。在美国、欧洲、日本等国家，知识产权信托已广泛用于电影拍摄、动画制作等短期需要大量资金的行业的资金筹措。流动资金少的文化公司，在投入制作时，可与银行、信托公司签订信托新作品著作权的合同，银行或信托公司向投资方介绍新作品的构思、方案，并向投资方出售作品未来部分销售收益的"信托收益权"，制作公司等则以筹集的资金再投入新作品的创作。

4. 知识产权资产证券化

知识产权资产证券化是指发起人将能够产生可预见的稳定现金流的知识产权，通过一定的金融工具安排，对其中风险与收益要素进行分离与重组，进而转换成为在金融市场上可以出售的流通证券的过程。知识产权资产证券化的参与主体包括发起人（原始权益人）、特设载体、投资者、受托管理人、服务机构、信用评级机构、信用增强机构、流动性提供机构。

五、融资规模

融资规模的确定，首先是根据企业经营与投资的实际需要确定融资的总规模，然后核算投资主体自有资金的数额，融资总规模与自有资金的差额即为应筹措的企业外部资金的数额。

（一）投资资金的测算

如上所述，投资资金包括创业企业开业之前的流动资金投入、非流动资金投入，以及开办费用所需的资金投入。一般来说，在估算投资资金时，大部分创业者均能想到购置厂房、设备、材料等的支出，以及员工的工资支出、广告费，但常常会忽略诸如机器设备安装费用、厂房装修装饰费用、创业者的工资支出、业务开拓费用、营销费用等开业前可能发生的其他大额支出。因此，采用表格的形式将资金投向予以固定化，是合理估算创业资金的有效办法，如表8-1所示。

表 8-1 投资资金估算表

单位：元

序号	项目	数量	金额
1	房屋、建筑物		
2	设备		
3	办公家具		
4	办公用品		
5	员工工资		
6	创业者工资		
7	业务开拓费		
8	房屋租金		
9	存货的购置支出		
10	广告费		
11	水电费		
12	电话费		
13	保险费		
14	设备维护费		
15	软件费		
16	开办费		
…	……		
n	合计		

表中有关项目的内容说明如下。

表 8-1 中第 1 到 3 项投资资金的支出属于非流动资金支出，一般在计算创业资金时作为一次性资金需求予以考虑。其中，房屋、建筑物的支出包括厂房的装饰装修费用，若企业拟在租来的房屋中办公，则将相应的支出填写在第 8 项房屋租金中，而且应关注房租的支付形式，房屋租金可能采用押一付三的方式支付，也可能采用押一付一的方式，但基本上都采用先付房租的形式，这样房租的支出起码应相当于 4 个月或 2 个月的租金数额；若房租支付按半年付费或按年付费的方式，则房屋租金的支出会更多；机器设备的支出包括机器设备的购置费用和安装调试费用，而且应考虑安装调试的时间对企业生产经营的影响。

表格中第 4 到 15 项，投资资金的支出属于流动资金支出，在计算创业资金时需要考虑其持续投入问题。创业者在估算投资资金时，一定不要忽略了其自身的工资支出、业务开拓费、营业税费、设备维护等项目。

表格中的第 16 项是创业企业开办费。开办费是企业自筹建之日起，到开始生产、经营（包括试生产、试营业）之日止的期间（即筹建期间）内发生的费用支出。包括筹建期间人员的工资、办公费、差旅费、印刷费、培训费、注册登记费以及不计入固定资产和无形资产等购建成本的汇兑损益和利息支出。开办费的发生不形成特定固定资产，企业可以在开始经营之日的当年一次性从利润中扣除，也可以在一定的时期内分期返销计入不同的期间的利润之中。不同行业所需要的开办费用不同，如高科技行业筹建期间员工的工资和人员的培训费用可能较高，有较高进入门槛的行业筹建期可能较长等。

不同行业所需要的资本支出不同，创业者可通过市场调查，将本行业所需的资本支出项目予以补充，填写在第16项以下的相应的表格中，并在最后一项计算所需要的投资资金的合计数。如创业项目需要特定技术的话，则需要支付购买技术的费用，若采用加盟的方式进行创业，则需要支付加盟费用。

需要说明的是，创业者在估算投资资金时，一方面，要尽可能考虑所需的各种支出，避免漏掉一些必须执行的项目，以充分估算资金需求；另一方面，由于创业资金筹集的困难性及创业初期资金需求的迫切性，创业者想方设法节省开支，减少投资资金的花费，如采用租赁厂房、采购二手设备等方法节约资金。

（二）营运资金的测算

营运资金主要是流动资金，是新创企业开始经营后到企业取得收支平衡前，创业者需要继续投入企业的资金。营运资金的估算需要根据企业未来的销售收入、成本和利润情况来确定，通过财务预测的方式实现。

1.测算新创企业的营业收入

营业收入是指企业在从事销售商品、提供劳务和让渡资产使用权等日常经营业务过程中所形成的总收入。对新创企业营销收入的测算是制定财务计划、编制预计财务计划与编制预计财务报表的基础，也是估算营运资金的第一步。在进行营销收入测算时，创业者应立足于对市场的研究和对行业营业状况的分析，根据其试销售经验和市场调查资料，利用销售人员意见、专家咨询、时间序列分析等方法，以预测的业务量和市场售价为基础估计每个会计期间的营业收入。创业者可通过表格进行营销收入的预测，如表8-2所示。

表8-2　营销收入预测

单位：元

项目		1	2	3	4	5	6	7	…	合计
产品一	销售数量									
	平均单价									
	销售收入									
产品二	销售数量									
	平均单价									
	销售收入									
…	……									
合计	销售收入									

2.编制预计利润表

利润表是用来反映企业某一会计期间经营成果的财务报表。该表是根据"收入—费用=利润"的会计等式，按营业利润、利润总额、净利润的顺序编制而成的，是一个时期的、动态的报表。创业者在编制预计利润表时，应根据测算营业收入时预计的业务量对营业成本进行测算，根据拟采用的营销组合对销售费用进行测算，根据市场调查阶段确定的业务规模和企业战略，对新创企业经营过程中可能发生的管理费用进行测算，根据预计采用的融资渠道和相应的融资成本对财务费用进行测算，根据行业的税费标准对可能发生的营销税费进行测算，以此计算新创企业每个会计期间的预计利润。预计成本表和预计利润表的格式分别如表8-3、表8-4所示。

表8-3 营销成本预测表

单位：元

	项目	1	2	3	4	5	6	7	…	合计
产品一	销售数量									
	单位成本									
	销售成本									
产品二	销售数量									
	单位成本									
	销售成本									
…	……									
合计	销售成本									

单位成本根据创业企业存货的计价办法确定，可以采用先进先出法、移动加权平均法、月末一次加权平均法等对销售产品的成本进行计量，如表8-4所示。

表8-4 预计利润表

单位：元

项目	1	2	3	4	5	6	…	n
一、营业收入								
减：营业成本								
营业税金及附加								
销售费用								
管理费用								
财务费用								
二、营销利润								
加：营业外收入								
减：营业外支出								
三、利润总额								

项目	1	2	3	4	5	6	...	n
减：所得税费用								
四、净利润								

由于新创企业在起步阶段业务量通常不太稳定，在市场上知名度低，营业收入和推动营销收入增长所付出的成本之间一般不成比例变化，所以，对于新创企业初期营业收入、营业成本和各项费用的估算就按月进行，并按期预估企业的利润状况。一般来说企业实现收支平衡之前，企业的利润表均应按月编制；达到收支平衡之后，可以按季、按半年或者按年度来编制。

3. 编制预计资产负债表

资产负债表是总括反映企业在某一特定日期全部资产、负债和所有者权益状况的报表。资产负债表是根据"资产＝负债＋所有者权益"这一会计基本等式，依照流动资产和非流动资产、流动负债和非流动负债大类列示，并按一定要求编制的，是一张时点的、静态的会计报表。创业者在编制预计资产负债表时，应根据测算营业收入金额和企业的信用政策确定在营业收入中回收的货币资金及形成的应收款项，根据材料或产品的进、销、存情况确定存货状况，根据投资资本估算时确定的非流动资金数额和选择采用的折旧政策计算固定资产的期末价值，根据行业状况和企业拟定采用的信用政策计算确定应付款项，根据估算的收入和行业税费比例测算应交税费，根据预计利润表中的利润金额确定每期的所有者权益，并可据此确定需要的外部筹资数额。预计资产负债表的格式如表 8-5 所示。

表 8-5　预计资产负债表

单位：元

项目	1	2	3	4	5	6	7	...	n
一、流动资产									
货币资金									
应收款项									
存货									
其他流动资产									
流动资产合计									
二、非流动资产									
固定资产									
无形资产									
非流动资产合计									
资产合计									
三、流动负债									

项目	1	2	3	4	5	6	7	…	n
短期借款									
应付款项									
应交税费									
其他应付款									
流动负债合计									
四、非流动负债									
长期借款									
其他非流动负债									
非流动负债合计									
负债合计									
五、所有者权益									
实收资本									
资本公积									
留存收益									
负债和所有者权益合计									
六、外部筹资额									

与编制预计利润表相同的道理，一般来说，预计资产负债表在企业实现收支平衡之前也应按月编制，在实现收支平衡之后可以按季、按半年或按年编制。

企业在经营过程中增加的留存收益是资金的一种来源方式，属于内部融资的范畴。留存收益取决于企业当期实现的利润和利润留存的比例。一般来说，初创期的企业为筹集企业发展需要的资金，利润分配率会很低，甚至为零，于是，企业实现利润的大部分都能够留存下来，构成企业资金来源的一部分。当留存收益增加的资金无法满足企业经营发展时，需要从外部融集资金。外部融资额＝资产合计－负债和所有者权益合计。

4. 编制现金流量表

现金流量表是反映企业一定会计期间现金和现金等价物流入和流出的报表。编制现金流量表的主要目的，是为财务报表使用者提供企业一定会计期间内现金和等价物流入和流出的信息，以便财务报表使用者了解和评价企业获取现金和现金等价物的能力，并据以预测企业未来现金流量。

现金流量表指企业现金和现金等价物的流入和流出。在现金流量表中，现金及现金等价物被视为一个整体，企业现金（含现金等价物，下同）形式的转换不产生现金的流入和流出。

根据企业业务活动的性质和现金流量的来源，现金流量表准则将企业一定期间产生的现金量分为三类：经营活动现金流量、投资活动现金流量和筹资活动现金流量。

与资产负债表和利润表不同的是，现金流量表是以现金制为基础制的财务报表，通常每年编制一次，反映的是一个企业现金流入和流出的累积数。

企业编制的现金流量表应当分别按照经营活动、投资活动和筹资活动列报现金流量。现金流量应当分别按照现金流入和流出总额列报。预计现金流量表如表 8-6 所示。

表 8-6　预计现金流量表

单位：元

项目	本期金额	上期金额
一、经营活动产生的现金流量		
销售商品、提供劳务收到的现金		
收到的税费返还		
收到其他与经营活动有关的现金		
经营活动现金流入小计		
购买商品、接受劳务支付的现金		
支付给职工以及为职工支付的现金		
支付的各项税费		
支付其他与经营活动有关的现金		
经营活动现金流出小计		
经营活动产生的现金流量净额		
二、投资活动产生的现金流量		
收回投资收到的现金		
取得投资收益收到的现金		
处置固定资产、无形资产和长期资产收回的现金净额		
收到其他与投资活动有关的现金		
投资活动现金流入小计		
购建固定资产、无形资产和其他资产支付的现金		
投资支付的现金		
支付其他投资活动有关的现金		
投资活动现金流入小计		
投资活动产生的现金流量净额		
三、筹资活动产生的现金流量		
吸收投资收到的现金		
取得借款收到的现金		
收到其他与筹资活动有关的现金		
筹资活动现金流入小计		
偿还债务支付的现金		
分配股利、利润或偿还利息支付的现金		
支付其他与筹资活动有关的现金		
筹资活动现金流出小计		
筹资活动现金流量净额		

项目	本期金额	上期金额
四、现金及现金等价物增加额		
加：期初现金及现金等价物余额		
五、期末现金及现金等价物余额		

任务二　创新创业风险掌控

创新创业还是存在许多风险，创新创业者需要学会风险管控。

创新创业的风险有很多，包括融资风险、团队风险、管理风险、技术风险、政策风险等。有一些风险（尤其是内部风险）是可控的，有一些风险（如外部风险，尤其是政策风险）是不可控的。创新创业者必须时刻绷紧一根风险管控的神经，提防突然来临的风险。

一、融资风险

融资风险在创业初期会一直伴随在创业者的左右，是否有足够的资金创办企业是创业者遇到的第一个问题。企业创办起来后，就必须考虑是否有足够的资金支持企业的日常运作。对于初创企业来说，如果连续几个月入不敷出或者因为其他原因导致企业的现金流中断，都会给企业带来极大的威胁。相当多的企业在创办初期因资金紧缺而严重影响业务的发展，甚至错失商机而不得不关门大吉。

从某种意义上讲，规避风险并少犯错误，就是成功。创业之路并非一帆风顺，商海风云变幻，陷阱多多。埋藏在创业者脚下的雷区无处不在。陷阱的性质不同，形式各异，有大有小，或明或暗。任何一个误区都足以使创业者陷入四面楚歌、难以自救的境地。因此，创业者在融资过程中，更要有意识地小心躲避"陷阱"，设法规避风险，三思而行。

（一）财务风险

这种情况多见于创业者初创企业时。一方面对融资的认识不清，单纯地认为能融到资就是创业成功，所以在融资时不择手段，编造谎言，结果害人害己；另一方面，初创企业往往财务管理不规范，财务混乱，导致风险。

1. 不当融资

创业者在融资过程中，往往会有以下错误的手段和想法。

（1）弄虚作假。瞒得了一时，瞒不了一世。弄虚作假的人要小聪明，很容易被别人识破。而一旦被识破之后，不仅借不到所需的资金，也影响了自己的声誉，对于以后的融资也极其不利。很多公司由于经营状况一般，用欺骗手段向银行申请贷款，结果被识破后，落一个再也无法从这家银行贷款的下场，极为不值。

（2）贪得无厌。常言道："老虎吃天，无法下口。"所谓"老虎吃天"，意思是指贪心太重，想一口气吞下过多的食物。然而很多经营者也容易犯这种毛病——总是一味地想能够筹集到更多的资金，盲目相信融资越多越好。实际上，超过企业自身驾驭能力的融资并不是好事，对于经营者而言，融资应当遵循"需要多少，便融多少"的原则，只要能够满足自己投资需求就可以了。

2. 财务混乱

在对中小企业进行的调查中发现，财务信息往往不完善。有的中小企业没有完整的会计账簿，完全是"豆腐账"——基本结构就是"销售额－费用＝利润"，这种流水账显然不能充分说明企业的经营状况，也无助于企业改善经营，降低成本和费用，及时发现经营中存在的问题。

3. 资金问题

许多创业者认为，他们拥有的现金便是他们获得的利润。实际上，现金和利润完全不同。利润的实现是指卖出产品收到的利润，而非预付款，也不是赊销后账面上的利润数字。另外，产品售出后，可能被退货，已获得的利润还有可能丧失。其次，中小企业往往在控制成本和费用支出方式不得当，常常是捡了芝麻丢了西瓜，也会影响利润。

扩展阅读

风险投资协议的陷阱

一个创业者，在其创业生涯中，很难有超过10次的风险投资的融资经历。相反，一个普通的风险投资者，每年都会直接或间接投资多个项目。因此，创业者在跟风险投资者谈判时，往往处在不平等的地位，这种不平等经常体现在：风险投资者会对一系列的投资条款进行精心设计。

对于创业者来说，绝大多数条款都是很陌生的，如果你自己不懂，风险投资人不会跟你解释太多。常见的具有潜在风险的条款如下。

（1）在投资的时候，风险投资人都会与创业者签订业绩对赌条款，信心满满的创业者如果经营上没有达到预期，投资人会说："我们投资时的估值偏高了，需要给予更多的股份补偿。"他们一旦拿到更多的股份补偿，就会将创业者的股份稀释，最严重的情况就是创始人被投资人净身出户。

（2）如果"优先清算权"是要求一定倍数的投资回报保底的，那么创业者就需要当心。比如风险投资人投资 1000 万元，但要求优先拿走 3 倍。而最后公司以 2000 万元被卖了，这些钱只好全部都给投资人，创业者最后两手空空。

（3）如果公司在四五年之后还没有退出，风险投资人通常会通过"回购权"让创业者回购其手上的股份。回购价一般是当初投资价格的某个倍数，因此很少有创业者能够拿钱回购。

（4）风险投资人如果想把自己的股权出让给第三方，通常会拉着创业者一起卖，因为投资人的股份一般比较少，并购方是没有兴趣的，这个时候，投资人就会通过"强授权"拉上创业者。有些投资者为了早点变现，可能会这样强迫创业者出售公司，也有投资者会通过这个条款，将一个有前途的公司，低价卖给自己控制的另外一家公司。

（5）投资者通常会要求创业者签署"独家协议"，然后才正式对公司进行尽职调查和投资协议谈判，"独家期"通常要求 1 ~ 3 个月，在这段时期创业者不能跟其他投资人沟通。但"独家期"不约束投资人，投资人还可以继续看这家公司的竞争对手，如果投资人发现竞争对手更好，就会抛弃这家公司。

（二）话语权风险

1. 选择风险投资后可能面临的麻烦

风险投资的工作就是给出资人创造回报，要实现这个目标，他们就要去发掘能成为"羚羊"的企业。所以，对于一些有出色技术和稳定团队的公司来说，不要轻易接受风险投资。如果公司只需要很少的资金就可以起步、成长，或者由于产品的特性面临的竞争、商业模式的限制、市场容量的限制，如果被并购是一个更可行的出路，那么远离风投，找周围的朋友筹一点钱才是更好的选择。创业者拿到风险投资后，可能会面临如下风险。

（1）公司小规模退出的可能性没有了，即使有，创始人也挣不到多少钱。风险投资者在投资协议中会要求优先清算股权、参与分配权和最低回报数。例如：风险投资者出资 200 万元的一家公司最后以 1000 万元的价格出售了，创始人有 18% 的股权，风险投资者要求最低回报倍数是三倍，并且有参与分配权。那么风险投资者要先拿走投资额 200 万元的 3 倍，即 600 万元，而剩下的 400 万元，由风险投资在内的全体股东按照股权比例分配，所以创始人最后只能拿到 72 万元。

（2）风险投资的钱就像是"火箭燃料"，希望能够尽快把新创公司送上"太空轨道"，使得公司快速发展，收入规模大幅提升。但是，这可能跟你的经济利益并不一致（你原本每年可以有几十万分红的），或者超出了你的能力范围，在风险投资者的助力下，公司可能会朝着一个不一定合适或者最佳的方向"飞"去。

（3）被风险投资绑定。公司的未来通常是维系在创始人团队身上的，风险投资者一旦投资，一定会给创始人带上三副"手铐"和一个"紧箍"。①业绩对赌：达不到既定经济目标，股权被风险投资者稀释；②股份锁定：通常创始人的股份会被锁定，需要 3～4 年才能逐步兑现，如果创始人提前离开公司，尚未兑现的股份就被公司收回；③竞业禁止：如果创始人跟投资者合不来，执意要走人，但是竞业禁止协议也不允许创始人去做类似的、竞争性的业务；④董事会协议及保护条款：风险投资者将对公司进行经营上的监督和决策。

案例

太子奶李途纯对赌资本方，满盘皆输

太子奶曾于 1997 年底以 8888 万元夺得中央电视台日用消费品的标王。据传言，该公司董事长李途纯在夺得标王时，身上所剩无几。无疑，太子奶曾经想通过一举夺得标王大赚一笔。但事与愿违，在奶制品同行业来比较的话，在价格、质量、性能各方面指标并不出众、付出巨额广告费用的太子奶只在市场中分得极小的一块蛋糕。

太子奶为实现上市计划，于 2006 年引入英联、高盛、摩根士丹利等三大投行"对赌"，借款 7300 万美元给李途纯，之后又介绍花旗集团、新加坡星展银行等 6 家国际银行，为太子奶提供了 5 亿元人民币的无抵押、无担保、低息 3 年期信用贷款。

根据这份对赌协议，在收到 7300 万美元注资后的前 3 年，如果太子奶集团业绩增长超过 50%，就可调整（降低）对方股权；如完不成 30% 的业绩增长，李途纯将会失去控股权。

借助这些资金，李途纯开始疯狂扩张。2008 年，由于高速扩张，太子奶被曝资金链断裂。

2008 年 8 月，太子奶集团开始陆续被曝资金链断裂，随后陷入了严重的债务危机。三大投行以再注资 4.5 亿元的承诺让李途纯交出所持的 61.6% 股权。2009 年 1 月，湖南株洲政府注资 1 亿元，由高科奶业托管太子奶，并从三大投行手中要回 61.6% 股权，交回李途纯，并抵押给高科奶业代为行权。然而，这些举措并未救活负债累累的太子奶。根据德勤审计的结果显示，集团负债高达 26 亿元。

> 在资金链趋于断裂，销售业绩急剧下降的双重压力下，李途纯签订的那份"对赌协议"被迫提前履行，他不得不将自己持有的股权全部出让。
>
> **点评：** 为了吸引风险投资者，太子奶签订了对赌协议。对赌协议能促进被投企业在收到投资之后努力经营达到业绩目标，但同时也蕴藏着巨大的风险。所以创业者在急于得到投资人的帮助的同时，也要不忘评估合作的风险，切勿盲目自信允诺不合理的业绩目标。

2. 选择风险投资后需要放弃的权利

一旦选择风投融资，就好比是开着车上了高速公路，中途没有出口，出口在遥远的地方，即"IPO"上市或者"被并购"。创业者只有在这条路上一直开下去，要么顺顺利利开到底，要么人仰马翻地冲破高速公路护栏，公司破产。在高速公路上开车是有规则的，走上风险投资融资道路的公司也是有规则的。

（1）放弃一部分股权。首先创始人要给风投一部分股权，可能是比较大的比例。比如，第一轮风投融资就出让超过30%，第二轮、第三轮融资之后，剩下的股权就不到50%了。投资者只希望能从自己投下去的钱里获得合理回报。

把蛋糕做大才是关键，创业者只有把公司做大了，股份比例才有意义，一家长不大的小公司100%股权还不如一家大公司10%的股权有价值。

（2）放弃一部分控制权。公司以后的重大决策不再是创始人说了算。风险投资者通常是"优先股东"，他们拥有一些特殊的权利，用来保护自己的利益。他们通常会在董事会占上一两个席位，对公司的重大事情有表决的权利，可能很多事情他们还拥有一票否决的权利。

二、管理风险

管理风险是初创企业面临的第二个风险。主要表现在以下几个方面。

（一）管理松散或管理太严

管理是一门学问，有的人把成熟企业的模式照搬到自己的企业，这是不可取的。每个企业都有不同于其他企业的流程和模式，必须遵循自己的企业需求。

1. 管理松散

新创企业在尚未完善管理制度的情况下，容易形成企业管理松散的情况。这是创业者应该予以重视的。应该尽快制定几个管理制度，比如：公司组织架构、相关人员命名、各个部门的职责、员工入职后的招聘和培训、员工手册等，为公司的正常运营提供制度保证。

2.管理太严

新创企业最要避免的就是照搬成熟企业尤其是大企业的管理模式。比如，严格的考勤制度，上班打卡、下班打卡等。其实，初创企业应尽量管理宽松，人性化，不要一谈管理就是管考勤。有时采用目标任务管理法、绩效管理法、期权激励法也许更好。

（二）组织架构不合理

经常可以看到一些企业的组织架构照抄大企业的架构，一个五六人的小公司设立了几十个部门，让人吃惊。

（三）分工太明细

初创企业需要的是一人多岗，包括 CEO 在内，甚至要做搬运工的活。一个人既做办公室主任，又管财务，还管人才招聘等，这都是极其正常的。

（四）相关规章还未形成

要尽快形成具有企业特色的管理规章。正规化的管理还是必要的。

三、技术风险

技术风险也是很关键的一个风险。在当今世界，新技术层出不穷，技术的迭代更新时间很短。所以，新创企业有没有这种实力紧跟最新的技术潮流，能否把握技术的发展方向，这是非常关键的，会直接影响企业的生存和发展。

四、市场风险

由技术产生的产品或服务是否符合市场需求也是很重要的。落后的技术生产出来的产品或提供的服务肯定不能为大众所接受。因此，这就导致市场风险的存在。比如，5G 时代，设计的产品还停留在 2G 时代的水平，那肯定会被淘汰。

五、政策风险

创业者要明确政策风险，例如 2021 年出现一个巨大的政策导向转变，就是"双减"政策的出台。这一政策直接导致全国数以万计的教培企业倒闭。这种风险是很难预见和控制的。但是，政策出台后，就要尽快地调整企业的发展战略，千万不能跟政策对着干，那是不明智的。

这也提醒创业者，要注意国家政策的调整，规避创业风险。

六、自然灾害风险

持续至今的新冠肺炎疫情，给许多企业造成了严重的损失。比如，交通运输业、旅游酒店业、餐饮住宿业以及其他的产业。

2021年8月，有一位学生创业者，刚从教培行业的漩涡中出来，又转投入旅游业。一进去，就遇见区域性"疫情管控"，直接把企业"砸死"。这就是对灾害事故判断不清造成的。

七、学业风险

对职校生而言，最大的风险还是学业风险。因为学生的主要任务还是学习。所以，一定要注意学业风险的防范，不要因为创业而耽误了自己的学业。前面已经介绍了处理学业和创业的关系，值得大家重视。

总之，职校生创业者，要记住从财务风险、管理风险、技术风险、市场风险、政策风险、自然灾害风险和学业风险等方面来管控自己的创业行为。

课后练习

1. 职校生在筹措创业资金时要遵循哪些原则？

2. 创业常用的融资途径有哪些？适合你的融资渠道有哪些？

3. 如何测算出适度的融资金额？

4. 股权融资要注意哪些问题？

5. 债券融资要注意哪些问题？

6. 职校生慎重选择风险投资要注意哪些事项？

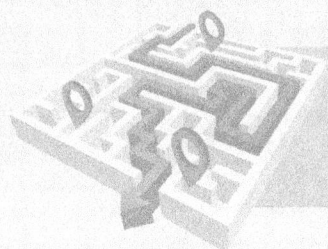

附录一　职校生创新创业实践案例精选

为了帮助职校生更好地结合专业选择创新创业项目，我们按学科大类来精选入选案例，主要是基于以下考虑。

第一，职校生区别于其他创业人群的最明显的特征之一就是专业优势。

第二，职业院校的专业数量有数百个，编者无法一一列举，只选择大类作代表。这样做的目的，是要告诉大家，任何学科、任何专业都可以创业，千万不要以某专业不适合创业而拒绝创新创业。

第三，职校生可以以专业优势独立创业，也可以以专业优势参与创业。

第四，跨专业创新创业也要尽量与自己的专业挂钩，否则很容易被别人取代或超越。

创业实践是创新创业教育的重点内容。而在创业实践的各个环节中，最重要的不是企业的申办流程，而是创业项目的选择与尝试。

创新创业的选择是职校生自主创业首先需要解决的问题，而选择创新创业的学生首先要培养的也是项目的选择能力。

以下将要介绍的就是职业类院校19个大类的创业实践案例。供大家借鉴参考。

知识目标

- 让职校生意识到任何专业都可以创业这个基本道理；
- 让职校生意识到专业优势是创新创业的核心优势；
- 让职校生认识到跨专业寻找合作伙伴的重要意义；
- 让职校生明白创新创业中需要关注社会的发展需求。

能力目标

- 帮助职校生提升创业项目的思维想象力；
- 帮助职校生提升创业项目的选择能力；
- 帮助职校生提升创业项目的实践能力。

一、材料与能源大类创新创业案例精选

案例

谭小伟："薄利创业"，助家乡告别用电难

资料来源：袁贻辰《中国青年报》（2015 年 05 月 11 日 04 版）

谭小伟同学一直觉得自己挺普通，按部就班地上学、中规中矩地实习。如果一切顺利，这个 90 后的云南小伙子也会和同龄人一样，毕业后留在昆明这样的大城市"闯一闯""干几年，有前途了就继续奋斗，没前途了就回家"。他压根儿没想过自己的"人生大事"会被一连串糟糕的天气改变。

机电职业技术学院毕业生的最后一个暑假，回老家大理白族自治州宾川县"享受"假期的谭小伟一落脚，就被家乡的景象吓"懵"了。一眼望过去，流经村子的沟渠难见水的踪影，里面的泥巴也干了。沟渠的源头——村里最大的水库成了一个大土坑，坑底还到处是裂缝。

果园的景象更是差点让谭小伟掉泪。在这个远近闻名的"水果之乡"，昔日能结到有鹌鹑蛋那么大的提子，如今却像"干瘪的黄豆"，因为天气太干燥，齐刷刷地从树上往下掉。

他后来听说，那一年，"80% 的土地种植各种水果"的宾川县受干旱气候影响，50% 的提子绝产，"一颗都没结"。没辙了，有的村民花重金租上一辆卡车，载满 10 吨水，浇到地里，可这也是杯水车薪。这个打小在地里长大的农家娃很清楚，"10 吨水就这么直接浇下去，连一亩地都浇不透"。谭智伟很心疼，"乡亲们也是着急，这么运水怎么行？只能是一分钱赚不着，还要往地里贴钱"。有村民想到了打井，没曾想，虽然井里出水量很大，但架不住全村果园都用。后来打井的村民立了规矩，挨家挨户排队取水。这一轮，得排两周的队才能用上一次水。

打井成了家家户户唯一的办法。要打井取水就需要电线等各类材料，村民跑到县里去买的线几乎全是"回收的旧线"。有些商户拿这些质量较差的电线一次次抬高价格，有村民把线买回家还没用上几天，就烧断了。

谭小伟坐不住了，悄悄找到父亲，说出了自己的决定，他想毕业后，回乡开电力器材供应公司，让乡里乡亲用上放心的电力设备。大学期间的最后一年，这个 25 岁的年轻人"满脑子都是各种电力设备的事儿"。电力设备有两三百种材料，为了尽快在实操中摸清具体的用途，他"赖"上图书馆，寒假又跟着叔叔一次次往工地跑，站在一边儿盯着电工作业。逮着空，他就冲上去噼里啪啦抛出一堆问题："您这什么型号的？""功率该选多大的？""选哪种线最适合？"，等等。他经过实地考察和自

己对相关资料的学习，提升了自己的能力。

毕业后，谭小伟在县城开起了电力器材供应公司。租店铺的钱，家里出了一些，当地人事局和团委还专门给他拨了 5 万元的创业贷款。他认为开门做生意，不赚钱确实不行，但一定要赚良心钱，昧良心的钱说什么都不能要。别家一卷线卖好几十元，谭智伟的线只卖 10 元，他的公司还承包了后期维修等各项服务。价钱便宜那么多，不会也是以次充好吧，有村民也曾疑惑过。谭小伟就向他们详细介绍各类设备的用法，还提供"跟踪服务"。不到 1 年的时间，全村一半以上的果园都用上了谭小伟卖的货。昔日"用电难"的景象也不复存在。

为了保障产品的质量，他的原材料都是从昆明附近的工厂运来的，为了卖一个良心价，他几乎跑遍了昆明的工厂。谈妥生产细节后，再分别对比运货商的信息，运回来产品再做包装和配套服务。他在保证质量的基础上薄利多销，又设身处地为用户考虑，做好售后服务，所以他的产品得到了消费者的信赖。

点评：一部分想创业的大学生一直在苦苦寻找创业的机会，他们一旦找到了需求的"痛点"，便可能将理想变为现实。创业不是在等待中成功的，而是在实践中绽放生机。从传统农业向现代农业的转变，这给那些想创业的人们提供大量机遇，能否把握它们成为创业成功与否的关键，谭小伟的行为带有很明显公益创业的色彩，虽然不是什么"高大上"的项目，也没有特别的"高科技元素"，但实实在在为当地老百姓谋福利，是一项"接地气"又"小而美"的创业。因此，当代大学生需要树立正确的创业观，为社会服务。

二、财经大类创新创业案例

案例1

财经男生"玩"出千万营业额网店

一年前，丁奔抱着玩的心态开出第一家卖棉拖的淘宝店。而到今年 9 月，他已经运营管理着三家天猫店。在不到 3 个半月的时间里，3 家店的营业总额已经近千万元。

今年 22 岁的丁奔，是某职业学院工商管理专业学生，台州椒江人。用他的话说，开网店也是误打误撞。

开网店，是因为大学好哥们的父母是做棉拖批发生意，可以提供货源。虽然网上卖棉拖的已经泛滥，但丁奔一算，合租学校里的小仓库、淘宝押金加部分货款，差不多 5000 元的成本就够了。由于资金投入不多，可以用试试看的心态进行。他拉回第一批 12 个款式的 700 双棉拖。第一步先拉同学朋友，成本价卖，没过几天便有其他客户来问价，他干脆就亏本卖，赚足了人气。

棉拖利润低，生意好的时候，一天也就挣三四百元，差的时候就几十块。丁奔把这个阶段形容为一个人的小打小闹。但在这期间，他也意识到：小规模的棉拖网店在激烈的竞争中是难以生存下来的，必须依附大的平台。他开始花大量时间钻研网店的运营。

半年后事情发生了重大转机，原先从批发商处进货，要比出厂价贵两三元钱，没有价格竞争力。回到老家创业的丁奔，想办法找到了同在台州的拖鞋生产厂家，没想到，厂家也正想找人合作运营电商平台。

他向厂长提出，运营成本由自己承担、利润均分的合作方案。这相比其他运营团队提出几十万运营费，再利润抽成的办法，要更有竞争力。在多次争取后，合作谈成了。

好运在半个月后再次降临。偶然的机会，他得知还有其他店主也在这家厂进货，就辗转联系上了对方。没想到，两人第一次见面就非常投机，聊了十几个小时。这位有两家天猫店，去年销售额达 100 多万元的店主，当即和丁奔提出合作意向。

但是，他当时很矛盾。一方面怕耽误学业，也怕同时经营 3 个店，步子迈太大，风险太大。另一方面，合作对方的天猫店规模大，当时开给他的条件不算好，但他很看重这个学习机会。3 个月后的今天，丁奔很庆幸自己最终选择了合作。他用坐时光机来比喻合作的好处，这两家天猫店在他运营的 3 个月里，销售额达到了近700 万。

通过运营这类规模的天猫店，他在运营自己那家销售额 200 多万的天猫店时，能更好地把握和预判了。例如他现在会花两三万一天的推广费来为自己的天猫店做推广，压力很大。"如果没有运营过另外两家天猫店，我估计没有这个心理承受力。"

与其他创业的同学一样，学业和创业难以平衡的问题困扰着他。因为忙着淘宝创业，他有 8 门课需要补考。他也考虑过要不要休学，但现在还是想争取顺利毕业。

点评：对于想创业的职校生来讲，当创业的机会不存在时，应该学会"无中生有"；当机会来临时，应把握住机会；当创业发展遇到瓶颈时，应该主动开拓机遇。目前在职校生创业的过程中，特别值得关注的问题是如何合理处理学习和创业的关系，应该做到因人制宜，因事制宜，因时制宜。

案例2

茆小明：与众不同来创业

茆小明是无锡昌协物资有限公司的总经理，所学专业是国际贸易。但是，对职业生涯有一定规划的他，考虑到有些生意虽然短期内能挣到钱，但始终不能做大做强，所以他决定先进其他公司锻炼一年。茆小明网投了无锡的一家钢材公司，几轮过关斩将后被录用了。他找工作的目的非常明确，即进公司是为了开公司。

因此，从第一天开始，他就将一切视作学习教材，抓住一切机会学习。刚开始跑业务，他学着跟不同的人打交道，积累人脉；后来转为外销助理，美其名曰外销助理，实际上的工作涵盖总经理助理，不时还要跑采购，为了将这份工作做好，为以后的创业打下坚实的基础，他几乎把全部精力都投身于这份工作，每天回到住处都是深夜，有时甚至是凌晨一两点。尽管工作任务繁重，但他坚持每天看书，哪怕只有五分钟，他没忘记他的学生身份，在工作中他比以往任何时候都感受到"知识的可贵"。在工作的空闲时间他会找业务经理以及其他公司同行聊天，拓展自己的人脉。

半年后，商机来了。他在与客户公司谈业务时，无意中得知他们在使用一种不锈钢产品，这种新产品利用价值、发展趋势都非常好。

他抓住机会，立即成立了自己的公司，比之前他的计划早了半年。100万元启动资金来自家人和朋友，其中大部分是家人支持。公司刚刚开始的前两年，公司只有一个出品高端厨具的台湾企业这一家稳定客户。但茆小明一点也不急，他认为只要有一个客户，就给他百分之百的服务。

直至他毕业时，公司月营业额已经达到30多万元，公司已经真正稳定下来。经营一年，公司的年营业额累计达到2000多万元。与此同时，公司业务范围和数量变得更加多，他每天工作的时间几乎长达18个小时。第二年，他拿下沈阳远大集团的一个订单——这是给俄罗斯总统普京的办公楼外墙进行表面加工。这个大单让他信心陡增。如今，他已掌管着80人的团队，他的企业在钢铁圈子里也小有名气，年营业额达8000多万元，按照5%～6%的利润率计算，年利润近500万元。

点评：选择创业就是选择了一种生活方式，创业没有捷径可走。这个高职毕业生在商场里跌打滚爬，在生意场上的辛酸心得，为他的成功铸就坚实的基础。想创业的学生应该学会对生活、学习以及实践中观察到的问题进行深入思考，同时要不断地搜集创业信息。对一个成功者来说经验的积累，信息的搜集、分析与整理是必备的创业素质和能力。

三、电子信息大类创新创业案例精选

案例1

菜鸟变达人，玩转电子市场

他是凭借兴趣熟练掌握电子产品软硬件技术的奇才，玩转各类手机系统的达人，独自完成平板电脑制作的高手，以淘宝为平台每月净赚万元的创业者——宫正，他是一个干净利索、简单大方的人。22岁的他，一张略显稚嫩的脸庞，黑白分明的双眸，清澈闪烁的眼神，透漏出一种永不服输的精神。

童年就像个万花筒，从不同的角度去看，就有着不同的形态。每个人的童年都是不同的，快乐的、自由的、幸福的、甜蜜的……每每回忆，脸上总会漾起童真的笑容。儿时的他非常热衷研究各类产品的内部构造，拆拆卸卸是他打发时间的唯一趣事，也因此，他曾一度被戏称为"破坏大王"，所有玩具只要经他之手，都会变得支离破碎、面目全非。初始，父母对他的破坏力经常头疼不已，但看他拆卸、组装玩具时的聚精会神，父母也不禁感叹他的与众不同，也正因他惊人的破坏力，塑造了他超乎同龄人的动手能力，早早为他日后追梦打下了基础。

凡事都需要理论的指导和实践的运用，宫正取得今天的成果同样不例外。初中时的宫正依旧是父母心中的"头疼小孩儿"，老师眼中的"调皮鬼"。一放学，他便钻进了自己的小屋，摆弄那些早已千疮百孔的玩具，老师留的作业早已被抛之脑后，学习成绩也不尽如人意。初一就在父母的唠叨和老师的教诲中过去。初二时的一次课外作业——"每人一幅创意小漫画"改变了宫正生活的轨道。出于兴趣，对于这个作业宫正别样地用心，他交上的作品一度使老师赞叹不已，并推荐他与初三学生一起学习美术。可就在他潜心美术海洋尽情遨游时，一次意外使宫正的腿受了重伤，只能在家静养，无聊的他打开了尘封已久的电脑，他惊喜地发现，网络真是一个神奇的世界，电子类、建筑类、设计类……方方面面的知识让他大开眼界。病休的几个月里，宫正一直畅游在网络里，浏览着各类网站，并自学了电脑编程语言。

一件玩具成就了他非凡的动手能力，一幅漫画开启了他的设计生涯，一台电脑给予他汲取知识的土壤。有了理论的支撑，宫正又接受了实践的检验。高考后，宫正借助暑假到县城的手机维修店打工，对电子技术情有独钟的宫正，一接触到刚问世的Android系统便产生了浓厚的兴趣。凭借手机维修店老板的精心指导和自己的潜心研究，不到一个月的时间，宫正对三星、HTC、苹果等各种品牌型号的手机配件了如指掌，也得到了老板的认可和赏识。手机维修店老板是他在这个行业的启蒙导师，给了他无私的帮助和指导，即便是后来老板去深圳发展，他们还一直保持着联系，他依然是他的导师，帮他解决电子产品制作时遇到的难题和创业之后的货源。

平板电脑是宫正在大一时制作的，所有零配件的采购包括外观的喷漆全都是他自己从市场上购买、自己设计、自己组装。基于从前所学的原理知识和基本的操作能力，他制作的平板电脑采用的是双核处理器、电容屏的配置……与当时流行的基本无二，成本价却只有1020元。以敏捷的头脑、坚强的毅力、不断探索的精神，宫正独自完成了平板电脑制作的全过程。为了给自己的作品画上一个圆满的句号，他还特意到汽车4S店用专业的喷漆技术为平板电脑穿上了乳白色的外衣。宫正也因此在"自由电子"网站被评为全国第四个民间制作人，由于在外壳及制作过程中无任何附加材料的添加，手工纯度方面被评为第一。

亲手制作的第一台平板电脑的问世，激发了宫正创业的想法，也是一次偶然的机会，加速了他的创业步伐。那天，他的朋友的三星手机的液晶屏不小心摔碎了，一心想要更换新手机，这个手机便顺理成章地淘汰给了宫正作为研究的试验品。看着坏了的液晶屏，搜索脑海中已有的各项资料，"压屏"两字闪现出来，通过这项技术实现手机显示屏的更换和维修，这恰是一个好的创业出路。压屏的原理他熟知于心，但压屏的设备却成了宫正面临的一大难题。这样的设备在淘宝的卖价千元至万元不等，价格的不同决定了设备性能的不同，高昂的费用又是他无力支付的，一度让宫正很是为难。

有了前期制作平板电脑的经验，一个大胆的想法在宫正的脑海里浮现出来，压屏机是不是也可以自己制作？有了想法立即付诸行动，打开电脑，宫正搜集了大量相关资料和视频，一步步地摸索，一点点地探究，终于他掌握了所有的原理，集齐了全部的配件，以220元的价格用13个小时完成了手机压屏机的制作，并且具备了他所需要的全部性能。设备有了，技术上的难题又摆在了眼前。压屏技术是一项熟练工作，初期经他手的手机不是没影像，就是显示屏模糊不清，一次次的失败使他的经营不仅没有盈利还造成了资金紧张。放弃的念头曾在脑海反复呈现，经过一番思想斗争，长期以来的挫败感终于被不服输的精神打败，宫正决定重新振作，尽最大努力向成功迈进。

功夫不负有心人，他终于掌握了压屏技术，兴奋之余，他再次打开电脑，希望借助石家庄二手网这一平台将自己的技术宣传出去。经过一天漫长的等待，他收到了第一条回复，迎来了第一个顾客。那一天他永远不会忘记，由于是第一单生意，宫正格外用心，时间一分一秒过去，一个小时的时间里，他一刻也未曾抬头。手机交给了顾客，他却没收取任何费用。那是他的第一个顾客，等待的那一个小时，他没有抱怨和不满，这是多少金钱也换不来的理解与信任。顾客也被他的专注和认真打动，大力支持宫正并置顶了他的帖子，也开启了他的创业路。

从那以后，他生意不断，技术也逐步提高，从一小时、半小时，到现在的五分钟，很多人都已是慕名而来。直到如今，他仍与石家庄的某些手机维修店及太和电子城内的商铺都有合作关系，通过手机压屏技术，他每天的收入都在 500 元左右。但是不满于现状的宫正又有了新的想法，是否能利用这项技术组建一支淘宝团队，进一步扩大经营范围。有了压屏设备以后，需要的只是操作能力和一小块玻璃的成本价，可以说利润空间相当大，技术又不是那么容易掌握，所以他比较看好这个行业，可能会持续经营下去，但这只是我创业的第一步，他的终极目标是能在电子行业拥有一席之地，创建属于自己的电子品牌。

点评：天高任鸟飞，海阔凭鱼跃。凭借那份执着与热情，那份不服输和不放弃的精神，创业者迎来了最后的成功。相信所有处在本案例中的创业者阶段的大学生，你们与自己的团队创立一个属于自己的品牌，开辟一片更为广阔的天空，在创业过程中所经历的一切将激励你们前行。

案例2

学习、开店两不误，"00 后"初闯创业路

电子信息专业学生小强，他长得一个文文静静的书生模样，而就是这样一个文质彬彬略有几分书生气的大二学生，在不足两年的时间里，通过自己的打拼，已经拥有了一片自己的小天地。

刚刚步入大学校门的小强似乎对一切都感到既新鲜又好奇，不明白为什么老师总让他们努力投身社会实践，但懂事的他知道，老师这样教育一定是为学生考虑。于是，出于兴趣，也源于偶然，他成为太和电子城一家不起眼的小店的销售员，从事电子产品销售方面的兼职工作。由于对销售行业的喜爱，工作中，小强总会付出比别人更多的时间、精力和热情，一段时间下来，不仅得到了店铺老板的肯定，也赢得了合作商和顾客的认可。

对小强来说，不经意的付出换来的不仅仅是赞许，更是一次创业的机遇。就在他打工近一年的那天，老板因个人原因竟要以五万元的价格将店铺转让给他。他深知在这样的"黄金地段"，五万元是绝对的诱惑，但对他来说也是不小的数目。可年轻的他总能得到幸运之神的眷顾，有一天他与朋友聊及此事，正抒发着心中的万般遗憾，谁知朋友竟兴趣盎然同意投资，俩人一拍即合成为合作伙伴。他也瞒着父母将自己打工来的全部积蓄投入其中，小店又可以重新开张了。

一个难题解决了，又一个难题却随之出现。看着 6 平方米大的店铺，三个空空如也的柜台，小强又发愁了，俩人的积蓄已然全部交付了转让费，哪里还有多余的资金购置货物。之前打工的经历让小强积累了不少人脉，抱着试试看的心态，小强找到了原来合作的供货商，让人意想不到的是，他竟能够以对小强的信任为赌注，答应先供

货，等两个年轻人有盈利后再结算。这对小强二人来说无疑是一个天大的喜讯，但他同时也知道，做这样一个决定，这位供货商也承担着很大的风险。

店铺开张后，他们和所有的商家一样，开始了前期宣传工作，不同的是，他们盯上的却是大学生市场。在他们看来，大学生更容易接受新鲜事物，对电子产品了解更多，更换也更频繁。于是，小强便利用自己所学专业知识，在老师的帮助和指导下设计出既美观又实用的宣传册，他又发动自己的同学，先在校园里开拓市场，再发展到学校周边商店，最后竟发展到其他兄弟院校。就这样，铁哥们成了他的免费推销员，好朋友将他的商品推向了更广阔的市场。仅一个月的时间，小强不仅交付了所有货物欠款，还用盈余的资金购置了新的产品。

创业的道路总会布满荆棘，遇到不可预知的问题。就在今年七八月份，酷热的季节，可对小强那经营不久的小店来说，却似进入了隆冬腊月。凡是从他的店里购买的产品总会附加一张年保修卡，可就在那段时间，每天都会接待前来退换产品的顾客，而且产品的型号都很集中，这时小强才意识到问题的严重性，经过仔细检查，他发现同批进的四种型号的产品都因运输过程中的挤压出现了同样的问题。

在电子产品销售行业，有着这样的规则，货品一旦发出，供应商便不再予以任何理由的货品退换，一切后果由购货商家负责。刚刚步入正轨的店铺进入了最艰难的时期，几千元的货品就这样压在了手里，可愁坏了这个满怀壮志的小伙子。可小强并没有退缩，良好的人际关系再次成为他坚强的后盾。

是朋友让小强看到了成功的希望，是信任让小强拥有了坚持的勇气。这时的小强只有一个念头，将朋友的情谊化作对顾客的真诚，用心经营着小店，不辜负任何一个人的支持与信任。小强的小店一直保持着"薄利多销"的经营理念，在他那里，总能买到物美价廉的产品，享受优质的服务，也正是因为这一点，他的店铺总有老顾客时常光顾，新顾客慕名前来。

对于自己的朋友，他同样毫不吝啬，因得知专业群正在筹划元旦晚会，同宿舍的哥们正在为短时间内筹不齐活动资金而愁眉不展，小强二话不说当即承诺愿意承担晚会需要的一切费用，条幅制作、舞台布置、演员服装道具、游戏礼品……他都精心准备齐全。看着如此用心的他，同学们更加卖力了，晚会也收到了前所未有的成功。

点评： 对人真诚热心，对事坚定执着可能是那些创业成功者的"标配"。未来的道路不可预知，但只要你心中依旧怀有一份热爱与执着，怀有一份善良与真诚，相信无论走得再远、飞得再高，朋友的支持与关怀总会萦绕在你的身边，与你共同开创更加美好的明天。人的一生不能一帆风顺，也不可能没有坎坷与荆棘，否则就太过于平淡了。只要敢于吃苦、敢于拼搏，就有机会打造属于自己的天地。

四、法律大类创新创业案例精选

案例

法律的私人定制

小杨是一位司法信息技术专业的大学生。在校期间,他除了本专业的学习之外,还特别热衷于计算机学习,特别是计算机编程。针对现在人们普遍使用移动智能手机,利用手机将大量碎片化的时间用于学习的现状,在考虑到目前我国民众对法律知识了解不多的情况,他就想能不能开发一款与法律知识相关的微信公众号或小程序,以满足民众在这方面的需要。

他将这一想法与他一位好朋友分享,他的朋友也认为这是一个具有前景的事情。因此,他们两个又找到了一位在这方面有技术优势的同学。在他们的共同努力下,半年多,开发出了一款有利于人们学习法律知识以及与法律相关的微信小程序,投放市场后不久便得到了用户的好评。

虽然这一次的创业并没有取得巨大的经济效益,但是使他们学到了许多无法在课堂中学到的东西,特别是知道遇见问题时,如何去解决问题,等等,使他们在创新创业中得到成长。

点评:一个人的成功与失败,无法用金钱来衡量。在成功到来之时,我们能够自我总结,自我反思才能够在成功的路上越走越远,奔向更大的成功;在失败敲门之时,我们能够反思失败的原因,找到解决问题的良方,克服失败给我们带来的挫折感,一切从头开始,不骄不躁。那些创业成功的大佬们,无不是经历过暂时的失败之后获得的巨大的成功。所以,只有坚持,才能够取得最后的胜利。

五、公安大类创新创业案例精选

案例

省心锁——监狱犯人位置定位自动报警装置

监狱管理是司法部门的职责之一。由于监狱里收押的都是罪犯,因此也存在较大的安全隐患。在保证监视监督安全的前提下,及时掌握犯人的动态位置情况,可以大幅减少狱警的工作强度。

小伍是某司法警官学校的毕业生。实习期间他就发现了这个问题。他从电视上看到电子镣铐,联想到自己实习时的所见所感,联合同学一起开发了一款省心锁。

省心锁由北斗定位、电子围栏、自动报警等芯片构成。当犯人越出电子围栏范围会自动报警。此功能单一但很实用，使用后大大减轻了狱警的工作强度。这个项目也获得监狱部门的青睐，在全省监狱广泛推广，创业获得成功。

点评：不是这个专业，也无法接触到监狱，估计也就想象不到狱警的工作难度。小伍作为司法警官学校的毕业生，了解到行业的这个痛点之后，开发出了一款简单可行的省心锁，从而创业成功。这个案例提醒我们，其实机会就在我们身边，就看我们能否识别和把握。学好专业，关注行业，关注工作中不便的事，就可以找到创业的点。

六、公共事业大类创新创业案例精选

案例

AI 心医——全方位人群心理服务公益组织

蔓蔓是公共管理专业的学生。在实践中她发现，人群的心理问题发生率很高。尤其是中国人，缺乏心理咨询的习惯和常识。

在一次活动中，她接触到了外校一个人工智能专业的学生，双方交流后，都对开发一款用人工智能心理咨询服务项目很有兴趣。双方一拍即合。回来后，立马准备资料，组织团队，花了大概三个月的时间，开发了一款AI心理医生，并成立了AI心医——全方位人群心理服务公益组织。

AI心医的关键技术是采用AI与脉搏检测系统相结合，通过先检测后调理的模式，借手机互联网的操控与外界零接触的过程中也能够独自恢复心理健康。使AI与心理健康治疗相联系，运用互联网进行全方面传播。因心理患者在治疗过程中，无须花费大量金钱，且不受别人的干扰，极大地保护了患者的隐私，且受众人群广泛，受限较少。因此，开业半年，服务超过20000人次，效果初显。

点评：公益类创业是近年来在我国发展较快的一种新型创业类别。00后大学生中，采用这种模式的不在少数。同时，随着生活节奏的加快，人们的心理压力也越来越大。因此，有心理障碍的人也越来越多。苦于心理医生的不足以及我国居民对心理咨询的认知偏见，这种情况越来越严重。蔓蔓抓住这个痛点进行项目开发，在较短时间内，取得一定的成绩。

七、交通运输大类创新创业案例精选

案例

勤学、勤思助创业

小磊是一所职业院校汽修专业的学生。自幼就爱折腾、动手能力超强的他，高考后就报考了汽修专业。大二时，学到了汽车制动的原理，同时也了解到卡车的制动系统与小客车的制动系统不一样的情况。于是，他很用心地去了解卡车和小客车制动系统的区别。一个问题始终萦绕在他的脑中，卡车制动系统是不是可以像小客车一样简便呢？

带着这个问题，他走访了很多汽修老师傅，也访谈了许多卡车司机。了解了司机们的痛苦。

他开始动手设计新型卡车制动系统。他查阅了大量的制动系统设计书籍，在老师的指导下，设计出了第一款卡车制动器。然后，开始购置材料，自己动手做样品。经过50多次实验，终于做出了一款卡车制动器。经过专业机构检测，达到使用标准。

他将这个产品申请了专利，并以专利入股的形式与汽车配件厂合作。当年该项目就获得100万的利润，创业成功。

点评： 小磊抓住了一个小痛点，但这个小痛点确是卡车司机的大问题。敢想敢干，这是高职院校学生的优点，有了痛点，便想办法，有了点子，就开始动手。这是强于本科院校学生的地方。同时，在创意过程中，同学们走访客户和企业，为自己的成功积累了相当的人脉，很好！

八、旅游大类创新创业案例精选

案例

从打工到创业：两名大学生的突围之路

张龙，是一位金华职业技术学院旅游专业的学生，甘肃省陇南市礼县人。从家里到金华，火车要乘30多个小时。所以，他每年只回去一次。阅历颇广的他，对金华当地的创业环境也比较认可，他认为如果毕业回家去，就不可能创业了。

张龙的父母都是农民，靠打工维持他和妹妹上学的费用，父母的打拼，给年幼的张金龙留下深刻的印象。他所有创业的冲动，只有一个：不想让父母继续这样的生活。

初中毕业那年，张龙第一次随父母出来打工。一个暑假，他像一个成年人似的拼命。45 千克的化肥、沉重的木材，扛起就走。两个月，只赚到 600 多元钱。这次打工，他才真正了解父母的不易：打工整整一年，只有 2 万元左右的工资。

高中毕业，张龙来到北京。他的想法很简单，就是想出去看看。到北京，托老乡在一家酒店找了份传菜员的活。张龙不怕苦、不怕累，可每月只有 900 元工资，如果这样一直做下去，也会步父母后尘。所以，他回家复读了一年，考上了大学。

创业是一个过程，大学给他提供了一个好的平台，做事方式也不一样。张龙大一时，花了 2500 元从金华农贸市场批了 1000 只孔明灯。他就利用春节前的 15 天时间，每天到集市上去卖。孔明灯每只零售 10 元钱，除去剩下的 100 只孔明灯，一算也有 6500 元左右的利润。

张龙所学的是旅游专业，也到景区做过实习导游。有一次，他在爬山时，遇到自己的一位老师。两人聊起来，说起户外、露营、登山之类的话题十分兴奋。张龙明白：自己以后就是要从事这样的工作。碰巧有一次，有几个朋友想去露营，不知到哪里租装备。张龙在老师的引荐下，认识了露营装备租赁公司——"寻诚"，帮朋友租到了装备，朋友很感谢他。慢慢地，他摸清了做户外旅游生意的规矩和技巧。于是，他和本校学计算机专业的余源合伙，在学校创业园开了一家"天下驴友社"。

两人是老乡，性格上又有些互补，做起来还比较顺利。他为了满足学生这一特殊客户群体的需求，也为了避免与其他同行竞争，凭着旅游专业的优势，在老师的指导下，张龙重新设计了几条旅游线路，都是针对学生的短途 1～2 日游的方案。同时，他针对学生的特点，采取了低收费模式。比如，两日游，车费、装备、烧烤、活动、保险、领队等，打包价只要每人 150 元。除了薄利多销，他和余源通过学生会活动、发送传单、设点展示等方法，去招揽生意。开业没多久，就已经带过七八个团。

对于未来，张龙和余源有个五年规划。他们想开创一种新的旅游方式，把旅行社团队游的实惠和户外旅行的自由结合起来。同时，还想推出旅游的电子商务产品。张龙强调：我们就是靠服务，眼下赚不赚钱不重要，希望把每条线路都做得很完善，这样对将来的发展会有帮助，特别是提升自己的能力。

点评：不同大学生创业者的创业的动机、创业的时间、创业的规划以及管理虽然差异显著，但是在大学生的创业过程中表现出来的本质却是相同的，即大学生在自我管理、自我规划以及自我能力提升上表现出来的相似性。及早进行职业规划和准备，对每一位大学生来说都是十分必要的，根据自身的实际情况进行职业生涯规划对自己一生的发展都会有帮助。

九、农林牧渔大类创新创业案例精选

案例1

蜜袋鼯、宠物刺猬进驻牧医系大学生创业基地

张可鑫和李博文是某农业职业技术学院牧医系学生，平时就非常喜欢小动物，他们发现蜜袋鼯和宠物刺猬是目前宠物市场上比较流行的新兴宠物，颇受年轻人喜爱。

蜜袋鼯是有袋目动物中相当引人注目的种类，别名小飞鼠，原产地澳大利亚、新西兰，属夜行性动物。因外形可爱、较为黏人、可随身携带，被人们亲切地称为"小蜜"。它身上有育婴袋，身披着毛茸茸的外衣，有着薄而尖的耳朵，又大又圆的眼睛，体态轻盈娇小，模样讨人喜，而且容易被人驯服，喜欢跟人亲近，饲养过的玩家都对它爱不释手。

宠物刺猬即非洲迷你刺猬，无体味，寿命5～8年，成体约手掌大小，体长15～20厘米，重量多在300～400克，腹部毛色雪白而光滑，脸部绒毛呈白色、较少较短，爪子比较肥、短、厚，趾张开幅度小，肉嘟嘟的很萌。宠物刺猬是夜行动物，主人上班的时候在家睡觉，回家就会出来和主人玩耍，适合学生和上班族饲养。

他们就结合自己的所学专业，在学校的大学生创业基地，开展了前景可观的宠物养殖创业。

他们从市场进货，在校园销售，每只小动物的利润控制在20元左右，加上还卖点饲料，每个月的营收也可以达到5万余元，成了校园的"小富翁"。

点评：这种校园创业尝试行为是特别值得推荐的，会减少很多创业风险，也可以帮助学生体验到创业的艰辛和快乐。没有不劳而获的成功，当你准备把一件事情做好的时候，就要全力以赴地去做。

案例2

创业之旅——黄粉虫

应俊杰和赵红艳所学的专业是兽药生产与营销专业，在专业学习的基础上开展了的黄粉虫养殖创业项目，并且进展顺利。

通过整个暑假的辛勤劳动和努力摸索，两位同学已经熟悉了黄粉虫的生活习性，初步掌握了黄粉虫养殖技术。这一项目在学校的大学生创业基地挂牌时正式进驻牧场，并成功申报首都大学生暑期社会实践市级重点团队，也是他们学校唯一一个京内重点实践团队。

他们在黄粉虫的养殖过程中遇到了技术性的难题，但是他们积极查找相关方面的国内外资料，向专家进行咨询，特别是接受专业内的教师的指导。在取得初步成果的基础上，应俊杰、赵红艳同学表示，将在开学后吸收有兴趣的同学加入项目，向他们传授养殖技术，努力将这个项目长期开展下去，成为畜牧兽医系学生实践锻炼养殖技术的平台。

点评：大学生创业要从小做起，从微小企业做起，不要期望一步登天，要脚踏实地，先创办微型企业，再努力做大。学生应该有远大的理想，脚踏实地地一步步走下去。大学生结合自身专业的创业才能够在创业的路上走得更远，发展得更大。

案例3

回乡创业养鸭的李闪闪

毕业于温州科技职业学院的李闪闪是一个农家子弟，家境贫寒。父母希望他毕业后能找一份体面的工作，但他一直想回家乡做一番事业，带动乡亲致富。当他向父母提出回乡创办星荣家禽专业合作社的时候，他的父母认为大学毕业了，为什么不去企业就业或者去考个农技员之类的，环境好，也体面，而是非要回家来养鸭、养猪，干这么脏这么累的活。最终父母还是尊重了他的选择，但是紧接着而来的是缺少资金的问题，当地的团县委知道这一情况后，帮忙联系了村镇银行，给了他10万元的贷款，初步解决了启动资金问题。

养鸭不容易，刚运来的雏鸭非常幼弱，要用煤炉给它们加热。那个时候已经是夏天，天气很热。室外的温度有35摄氏度左右，鸭舍内已经超过40摄氏度，李闪闪每天冒着酷暑照料鸭子。有一次，鸭子突然生病了，李闪闪给它们打针吃药也不见好转。后来，温州科技职业学院动物科学系的老师专家及时给予了技术指导与帮助，治好了鸭子的病。目前，李闪闪的合作社有番鸭现存栏2万多只、母猪34头、公猪1头。年出栏8万余只番鸭、生猪百余头，年产值逾300万元。

他利用大学里所学的畜牧兽医专业的专业技术来养殖番鸭、生猪。另外，因为经过大学学习，他进一步懂得如何管理鸭场、猪场和合作社，也懂得如何控制成本、如何营销产品。李闪闪的下一个目标是把番鸭养殖合作社发展成多元化的养殖企业，在农村的广阔天地里实现自己的梦想。

点评：我国农业的传统发展模式已经不适合现当代社会的发展需求，现代农业急需大量专业的人才。现代农业是农业发展的必然趋势，大学生如何在这一重大变革中把握商机，"善于无中生有"，进行具有一定现代技术和服务的农业相关创业，这不仅要求大学生具备一定的专业技术和能力，还要求大学生要具有吃苦耐劳的精神、敢想敢做的综合素质。

十、环保、气象与安全大类

案 例

"蓝天"工作室

王力是一位室内检测与控制技术专业的毕业生。毕业后他利用本专业所学室内检测与控制技术优势，开办了"蓝天"工作室。

他刚入学时，希望毕业后根据自己所学专业进行自主创业。大三时在学校安排的实习单位实习了一段时间，也在其他一些公司学习过。临近毕业时他着手准备自主创业，在向学校就业指导办公室的老师咨询了大学生自主创业的条件后，在学校创新创业学院老师的鼓励下，他开始了自主创业。

公司已经运营了差不多两年，现在除了房租还有员工的工资，他还有小盈利。公司遇到过一些困难，但是他没有放弃，刚开始他也一直赔钱，但他还是一直相信自己，为自己加油，一直告诉自己要乐观面对一切。就是这样，一步一步地从困难中走了过来，有了这么好的业绩。

点评： 受到雾霾的影响，室内的空气质量有所下降，空气质量的下降严重影响到了居民的健康。人们亟待了解在什么样的条件下应该使用与之相匹配的空气净化装置。能够及时地捕捉人们在生产、生活以及在学习中遇到的问题，从问题的解决着手，进行在需求基础上的创业也是想创业的大学生的不错的选择。

十一、轻纺食品大类创新创业案例精选

案 例

吾溪花衣

嘉熙同学是一位来自湖南的苗族少女。和其他女孩一样，她自幼就喜爱打扮，尤其喜爱自己的民族服装。每逢佳节，看到乡亲们换上盛装，心里觉得美美的。因此，从小就立志长大后要成为一位民族服装设计师。

高考后，她被录取到家乡的一所民族职业技术学院，开启了她的服装设计之路。学校是省民族服饰重点实验室，收集了比较多的民族服饰。在这个实验室里，嘉熙自由地翱翔。她经常会思考，这些服饰，为什么只能在实验室以及博物馆里才能看到？为什么不能让它走出实验室，服务于民众？带着这个问题，她特别注意观察学校流行的服饰，也积极参加各种时装发布会，各种服装展览会。她领悟到，民族服装如果要

大众化，必须融入现代的元素，必须符合现代人的审美观。

为此，她在老师的指导下，凭借着自己的优势，开始搜集民族中的各种图腾和故事，尤其是有关青年男女的爱情故事和图案，将它们进行提炼和组织。不仅绘制出一幅幅图画，而且也有故事情节，在服装中融进了民族文化。由此制作出几款服装，在自己和同学的穿着中，收获了很多的眼球，也陆续有同学订购，一个月获得订单30余件，获得3000多元的收入。

初步的成功更加增加了她的信心。为此，她设计并申请了"吾溪花衣"这个商标，暗暗立志，一定把民族服饰推向全国乃至全球。

在她的努力下，她参加了腾讯公益创新创业大赛，获得了优秀奖。这也激励她把这个事业坚持下去。

点评：从小的爱好和民族特色促成了嘉熙的成功。民族的就是世界的，民族的就是优势。只要你坚信，你热爱，就可以发现它的闪光点。尤其是当你能够发现民族文化中的"美"的时候，一定会获得意想不到的收获。应该相信，嘉熙的事业一定会成功。

十二、生化与药品大类创新创业案例精选

案 例

心系家乡为人民

楠楠，是一个来自福建的男孩。他的家乡邵武很多人种一种药草，人们称为"致富草"。每年立冬，都有药商前来现款收购。收购的青叶就在当地加工，提炼精油。药商赚取了更高的利润。楠楠高考后，被录取到医药职业技术学院生化专业。在学习中，他脑海里时刻翻腾着精油提炼的场景，他暗自下定决心，一定要尽快学好专业知识，去家乡创办一个精油提炼厂，将"致富草"制成更多的产品服务于大众，也为家乡百姓带来更高的收入。

大三时，他学完了全部的课程，利用实习的机会，也去几家精油厂参观学习，初步掌握了精油提炼的技术流程，他觉得创业时机成熟了。

他把想法告诉了家乡一位种植"致富草"的大户，得到那位大户的支持。于是，大户出钱，他出技术，两人合作开启了一家精油提炼厂。

8月建厂，投资40余万元，搭建了厂房，购置了设备，招聘了工人。11月，"致富草"开始收购，当月收割和处理"致富草"120吨，提取精油130余千克，价值数十万元。比出售原料收益翻了好几倍。一个季度下来，投资款全部收回。引得合伙人直夸他，他也收获了自己创业的第一桶金。信心满满的他，打算扩大他的产能，来年为更多的

乡亲服务。

点评： 楠楠有一颗爱心，希望为家乡父老致富出一份力。这份爱心在他的大学专业学习中，获得了专业的助力。他把握了这个机会，充分地利用了学习和实习的过程，为自己未来的职业发展做准备。尤其难能可贵的是，他善于沟通，懂得用自己的技术去创业，所以减少了创业的风险和艰难。这是特别值得学习的。

十三、水利大类创新创业案例精选

案例

在"夹缝"中寻找商机

小王是水利工程建设专业的学生。大二时，他参加跟岗实习，在水利工程建设工地有一位老师傅给他讲了一个故事，给他留下深刻的印象。

这个故事的情节是这样的：有一年端午节前后，在一个库区出现险情，警戒水位超出历史最高水位20 cm。上级通知立即开闸泄洪。但是，在开闸过程中出现了意外，一个传动装置被卡住了，导致无法开闸。眼看着洪水上涨，师傅和同事们心急如焚，差点酿成重大事故。据老师傅说，这个传动装置在其他库区也出现过这种故障。

说者无心，听者有意。小王随后多次去揣摩这个装置的结构特点。它采取的是传统的齿轮传导结构，原理上没有太大的问题，所以这么多年也没有改进。问题出在哪呢？他记下了生产厂家。假期，他专程去生产厂实习，近距离了解其中的问题。终于有一天，他发现了其中的问题，一个特别小的设计缺陷造成了齿轮运行的卡顿。他在指导老师的配合下，设计了一个新的结构，很好地解决这个多年的难题，而且申请了专利。这个专利为他毕业后的创业奠定了基础。

点评： 跟岗实习是每一位职校生都必须经历的。有的人不把它当回事，小王却从中获得了创业的机会。这是值得大家学习的。在我们的工作和学习中，经常会有这种机会，许多问题在现实生活中存在，大家都习以为常。一个故障本不应该出现，但是出现了，而且经常出现，许多人就会认为是不可避免存在的。小强用心去揣摩，找到了问题的关键点，所以获得了创新创业的机会。

十四、土建大类创新创业案例精选

案例

高性能水工混凝土抗裂材料

混凝土是当今世界用量最大、用途最广泛的工程材料。广泛应用于土木及水利与建筑工程、海洋及港湾建设工程、交通运输与铁路工程、航空航天工程中。我国是世界上混凝土生产与应用最多的国家。但混凝土在使用过程中也出现了一系列的极具危害性的问题，混凝土结构的安全性和耐久性，对建筑安全来说尤为重要。其中，混凝土的开裂，是混凝土结构劣化病变的宏观体现，也会进一步引起其他混凝土质量病害的发生与发展。国际上虽有不少能够防止混凝土开裂的新型混凝土外加剂材料，但普遍都是利用外加剂中的膨胀组分的膨胀作用补偿了混凝土的各种收缩，均不能达到很好的预期效果。

因此，针对混凝土开裂问题，创业者邓轶凡在老师的指导下，带领团队成员在工程实践中研发了高性能水工混凝土抗裂材料，使混凝土表面的裂缝减少80%。

该产品的特点是：新型、环保、高效、低成本，能充分提高混凝土的早期强度，提高混凝土自密实性、保水性等。使混凝土从源头上杜绝了裂缝的产生，增强了混凝土抗裂和抗渗性，高效地解决混凝土开裂、防冻等的问题。具有较好的应用前景以及较强的行业竞争力。包含两种材料，多种功能性活性粉体材料和高分散聚酯纤维，简称活性粉剂和改性纤维。对两种材料进行系列加工，使其在复合粉剂密度、纤维长度、直径、密度、抗拉强度、断裂伸长率等各方面达到技术要求。活性粉剂可填充空隙，提高混凝土密实度，发挥晶核作用，促进水泥水化；改性纤维能在混凝土拌合物中形成三维乱象支撑网、缓解混凝土内部应力集中现象，对混凝土早期开裂有显著的抑制作用。

团队申请了专利，并与相关企业合作成立了江苏某建筑材料工程公司。年产特种混凝土1万吨，产值达300多万。

点评： 利用自身专业优势，开发建筑新材料，是职校生能够做的事情之一。只要从生产实践中发现问题，就可能找到解决的办法。这里要强调的是：创新不一定是颠覆性的，可以是微创新。不要以为只有高大上的技术才可以创业，其实创业成功者通常并不是技术的领先者。技术型创新创业还是可以交给高学历的人去做。

十五、文化教育大类创新创业案例精选

案例

好创意赢得"大市场"

在"创业街"里，"逸绘"是一家小有名气的"商铺"。不仅因为在这里你可以找到世界上独一无二的创意商品，而且"逸绘"也是"创业街"开街以来，为数不多的保持盈利的店。

王雯斐是从小就跟美术打交道的女孩。她说，由于对绘画的共同兴趣，使她和两个同学走到了一起，创办了"逸绘"。这是一家主要经营创意商品的店铺，王雯斐和她的合作伙伴在口罩、衣服、鞋子、书本等普通商品上，按照客户的要求，画出图案。他们的商品最吸引人的地方就是，它可能是世界上独一无二的，而这正是现在的年轻人所追求的。同时我们也会根据客户群体的差异，设计不同的图案。王雯斐说，去年创业街开街时，考虑到天气渐渐转凉，她们的第一季主打产品是个性化口罩。面向老师的口罩，一般绘制花、草等较为文艺的图案，而针对学生群体，我们会绘制一些较为夸张的图形和网上流行语。正是由于这种精准的"市场定位"，使"逸绘"在开业之初，便赢得了不少学生和老师的青睐，迅速在"创业街"中脱颖而出。而现在的"逸绘"，则可以根据客户的不同需求，定制个性化商品。

她们也曾遇到过发展"瓶颈"。去年冬天期末考试前，"创业街"的顾客越来越少，当时的她们也灰心与沮丧。但是寒假中，她们相互安慰与打气，并且不停地讨论"逸绘"的发展方向。新学期开学后，王雯斐和她的合作伙伴们又找回了当初的创业激情，而随着"逸绘"网店的开张，"逸绘"的生意越来越好。2021年6月，王雯斐即将毕业离开校园，她说自己的目标就是要把"逸绘"做大做强，这就是她的工作和事业。

点评：创意就是竞争力，有了好的创意，距离创业成功就会更近。大学生创业不能单单开网店，卖一些小商品，还应结合自身的能力与特点为客户提供不一样的商品与服务。这样，更容易在竞争中立于不败之地。正所谓"有创意，能创新，才创业"。理性的头脑＋刻苦的精神＋合适的时机＝创业成功！

十六、医药与卫生大类创新创业案例精选

案例 1

青春在这里起步——没有做不到，只有想不到

田银河是重庆三峡医药高等专科学校中医骨伤专业毕业生。毕业后，通过学校的就业渠道，他到成都市骨科医院工作，学有所用，他应该是幸运的。后来，他又辗转来到深圳，在这里，他觉得自己更有了用武之地，特别是自己的思维方式发生了根本性的变化，在工作中，他发现社会经济发展和人们对健康意识的增强，以及生活在都市的人们由于生活节奏的加快，工作压力的增大，导致亚健康现象普遍存在。

于是，在经过仔细思考后，他毅然回到成都，注册了成都田医生健康会所，想用自己所学，针对亚健康人群进行保健治疗。他觉得这个市场非常大，他也坚信自己的选择。

开业几个月来，客户逐渐增多，已经有60多个会员，创业有了第一桶金。

点评：没有做不到的，只有想不到。人需要不断挑战自己的理性思维，做事情就是靠自己的职业精神。创业没有年龄的限制，许多大佬的成功都不是一蹴而就的，是经历了挫折、磨难与挣扎，才取得了成功。支撑事业走到最后的东西，往往不是外在的条件，而是取决于人内心的精神力量。

案例 2

"小强"的创业之旅

蟑螂，四川俗称"偷油婆"。借着周星驰的电影，蟑螂"小强"一朝扬名。但无论如何出名，始终"人人喊打"。但是，害虫也有有用的地方，那就是药用价值。

钱同学的专业是卫生管理。临毕业时，他听了一所商学院关于健康产业研究的讲座。受此影响，他认定健康产业大有可为。便把这一想法告诉给了自己的好朋友，俩人一拍即合。

去年9月，他们去了云南、甘肃、自贡等地考察党参、黄芪等中药材种植，以及蚯蚓、蝎子饲养等项目，再三斟酌后，选择了具有特殊性、低成本、药用价值高等优势的美洲大蠊（蟑螂）养殖。说干就干。后来，他们找到老家一家闲置农村安置房，按照考察时"偷学"的技术，给美洲大蠊营造了一个温馨的家。

他们从美洲大蠊品种的选购、孵化，到喂食饲料的采购，开启了美洲大蠊的饲养之路。美洲大蠊的药用价值鲜为人知，从美洲大蠊身上提取的多肽，药用价值非常广，

"通利血脉，降血压，保肝护肝，外敷能治疗烧烫伤、痔疮，内服能治疗胃肠炎等疾病。"钱同学利用自己的专业优势，将这一重要信息予以发挥。

相比其他特种昆虫的养殖，养美洲大蠊省心省力。"孵出来后，就只需每天喂食、打扫场地，美洲大蠊不会生病，也不用在饲料里'加药'，孵出来多少就能收获多少。"不过，王福明意味深长地说："关键是怎么让它成功孵化，美洲大蠊养殖的关键是'取种''保管'和'孵化'。"全国有近百家美洲大蠊养殖场，一般幼虫孵化率只有百分之十几，能达到百分之三十算高的了，而钱同学通过努力，已经可以使孵化率达到百分之八十。这是他成功的秘籍。

他在创业养殖美洲大蠊的过程中，前期投入的总成本大约为 10 万元，包括租房、改建厂房，采购美洲大蠊种苗引进、孵化，以及相关饲料采购，招聘员工以及市场开拓费用。饲养美洲大蠊的门槛较低、投入小、周期短、市场需求大，收益可观。干品美洲大蠊每千克市场价格低的 60 ～ 70 元，常规的达 150 元，高则 200 元以上不等。

他在尝到甜头之后，计划下一步将扩大规模，把美洲大蠊养殖推广出去。同时，成立专业合作社，让村里人都参与进来，共同致富。

点评： 人人喊打的"小强"，在一般人的眼里，是非常讨厌的，但有心的创业者小钱却发现其中的商机，抓住机会，一举创业成功。创业者体现出来的那种"无中生有""从无到有"的过程，敢闯敢干的精神是非常宝贵和值得学习的。

十七、艺术设计与传媒大类创新创业案例精选

案 例

创业典型——郑发辉：美化生活创未来

郑发辉是一位环境艺术设计专业的学生，2012 年在厦门创立美广装饰工程有限公司，聘有新加坡、中国香港等知名上市公司从业绩丰富的高端设计人才，并与知名商业规划院、效果图公司、商业运营公司、房地产营销公司等建立长期友好的合作关系。专业从事商业空间设计与规划，主要从事酒店、私人会所、商业空间、陈设、品牌策划等室外、建筑装修设计与施工，并提供专业的商业广告包装。现公司有员工 50 余人，自成立已完成厦门庐山大酒店、厦门尚禹服饰有限公司莆田金鼎勾勒商铺、三明市西洋县永安人民政府展览馆等 30 余项商业空间设计施工，得到广大客户的好评。

点评： 创业是一种积极的就业形式，不只是自身的价值的实现过程，同时它能够吸引若干个学生的参与，为社会提供了一定的就业岗位，能够在一定程度上缓解就业压力。目前该行业的"互联网＋"的创业机会多，市场空间大。

十八、制造大类创新创业案例精选

案例1

贾群博与他的机电配件公司

贾群博所学的专业是机电一体化技术，毕业后，他先后到沧州国华有限公司天津办事处和天津市中环华祥电子有限公司工作。期间，他认识到，在现在"双创"的大环境下，若想有更好的个人发展，就必须创业。

鉴于自己所学的机电专业，他毅然选择了极点配套生产行业。他利用自己积攒的少许资金，创办了天津市某机电配件有限公司。该公司是一家电梯、汽车、化工设备配件生产加工类股份制企业，公司现有员工13人，拥有冲床、剪板机等加工设备20多台，厂房650平方米，月产值约100万元。

2021年，公司与天津电子信息职业技术学院合作，建成该学院机电技术实训中心，利用绵薄之力帮助天津区域职业技能培养。

点评："先就业，再创业"的职业发展生涯，为想创业的大学生提供了一个可以借鉴的模式。在就业的过程中，不只是简单的、机械式的、任务式的工作，更重要的是在工作的过程锻炼自身的各方面的能力，为将来的创业打下坚实的基础，增大了后继创业成功的可能性。

案例2

创业新秀李秀财：在厚积薄发中超越自我

李秀财出生在台州市椒江区农村。从浙江工商职业技术学院制造专业毕业后，来到宁波一家大型外贸公司工作。一年时间里，他工作勤勤恳恳，业绩不断提升，并且在外贸运作等方面有了一定的历练和积累，他决定放手一搏，超越自我，创办自己的公司，趁年轻闯出一番新天地。

2020年6月，李秀财成立了宁波市江东工具有限公司，主要从事焊接产品出口。万事开头难，但他还是没有想到，创业之初的低迷状态竟持续了半年之久。他一家家地跑客户，凭着自己的诚恳和踏实，越来越多的客户对他产生了信任，把订单给了他，有的工厂甚至让他先提货销售再付款。李秀财的事业终于打开了新局面。

可是由于国际金融危机对外贸行业的冲击日益显现，无疑给处于成长期的公司当头一棒。可是李秀财把它当作一次挑战自我、逆流而上的机会。为了让公司摆脱困境，他没日没夜地工作。功夫不负有心人，公司很快就扭转了被动局面，订单不断，发展进入了稳定期。谈起这段经历，李秀财指出，他的家境贫困，曾经因为筹不到数千元学费而差点错过了上大学的机会。所以遇到困难的时候他就想，大不了回到起点，一切重新开始。困难不用怕，就怕自己不肯努力拼搏。

如今，由李秀财一手创办的公司已经发展成为一个大学生云集的精英团队，年销售额超过3200万元。

点评：从农村的孩子到大学生，从大学生到打工仔，从打工仔到公司白领，从公司白领到自己创办外贸公司当老板，案例中的创业者大学毕业后的创业历程可谓一步一个脚印，在厚积薄发中不断超越自我。与目前大学生的创业环境相比，他的那个时代没有来自政府、学校和社会的支持，完全是自己一个人的拼搏，取得了创业的成功。现在的创业氛围如此之好，只要你肯想、只要你敢做就，只要你肯努力，创业成功就不只是遥不可及的理想，而是会成为现实。

案例3

不断进取的工艺品公司

小梁是一位模具设计与制造专业的大学生。在一间简陋的工作室里，一个戴眼镜的短发女生坐在桌前，一丝不苟地制作蝶翅画，骄傲美丽的孔雀在她的手中跃然纸上。她开办了一家工艺品公司，公司创办至今仅一年已接下了蝴蝶放飞庆典服务的几个大单，蝶韵系列工艺品也将从实体店迈向淘宝店。

公司最开始研发的产品是以蝴蝶为主的昆虫工艺品和叶脉DIY画系列个性产品。这些业务和标本处理、蝴蝶养殖等专业所学密切相关学校很支持他们创业，在校创业园展厅搭建了销售平台，还将他们的创意产品引入重大庆典、迎新等活动。

虽然公司的营利能力小，由于是纯手工产品，需要员工们熟练地工作，她们的团队仍然对这个项目充满了希望。目前公司还处于创业的初期，公司的许多方面还有待于进一步的完善，但是整个公司的工作氛围非常好，大家有信心将公司发展壮大。

点评：工业时代机器化时代生产出来的产品在现当代社会已经不能够满足人们的个性化需求，人们的消费日益倾向于具有自身特点的产品和服务。因此，传统行业的制造业已经不能够适合时代的发展，具有个性化和高品质的纯手工的时代即将到来。

十九、资源开发与能源大类创新创业案例精选

案例

矿山边坡生态治理

矿山边坡治理是矿区治理中最常见也是最难啃的硬骨头之一，特别是离子型稀土矿山的边坡治理，直接影响到国家的稀土战略。在社会实践中，小李等同学发现了这一痛点。在广泛查阅资料、走访矿区、咨询老师的基础上，他们发明了一种边坡生态治理办法，不仅给矿区节约了大量经费，而且从中获取了较好的收益，创业尝试初步成功。尝到甜头的他们，成立了某某生态治理工程公司。该项目有以下特点。

（1）采用竹子做成生态护坡格构框架，和边坡用竹桩和竹子排水管连接，相对锚杆加钢筋混凝土格构框架，其施工简单、造价低。

（2）竹框架和竹子排水管、竹桩连接后形成柔性护坡结构。

（3）竹桩上开有渗水孔，有利于在雨季将雨水排出，不会造成草籽腐烂，竹桩内的草籽发芽、生根后根须深入边坡土层，护坡后生态护坡结构和边坡土体形成一稳定整体。

（4）竹桩和排水管压入或打入边坡后起加筋作用，同时具有很强的挤土效应，可以提高土体的抗剪强度、提高边坡的抗滑能力。

（5）边坡上的排水管用竹子制作，排出的水顺着竹子流出坡外，不会冲刷边坡坡面，有利于边坡的稳定。

（6）放坡整平可减小边坡的下滑力、有利于坡体的稳定，种杆草、树后既能形成生态护坡林又能形成经济作物林，相对于其他生态护坡工程有明显优点。

因此，在稀土矿山边坡防治方面有着重要意义和实用价值，具有广阔的应用前景。公司创立第一年，就获得300万的收益。

点评： 职校生的优点是动手能力强，而且学生能吃苦，动脑灵活。学生们在实践中能够结合专业发现行业痛点，并提出解决的办法，这是难能可贵的，值得鼓励。

导读

　　随着"双创"的蓬勃开展，以创新创业大赛作为抓手成为国家各部委的重要工作之一。纵观国内有关创业赛事，不仅有各地的大赛，有企业举办的大赛，更有国家部委级的各种大赛。如团中央的"创青春"（"挑战杯"）大赛，中国科协的"中国创新创意大赛"、工信部的"三创（创新创意创业）大赛"、人社部的"中国创翼大赛"和"互联网＋"大学生创新创业大赛。在高校影响最大的还是教育部的"互联网＋"大学生创新创业大赛、团中央的"挑战杯"（创青春）大赛。

　　大赛是一个很好的抓手，可以激起学生对"双创"的关注，参与大赛可以锻炼学生的团队协作精神、语言和文字表达能力、舞台展示能力、增强自信。因此，受到学校的普遍重视。

　　为了协助学校更好地组织、参与大赛并获得更好的成绩，这里将重点对教育部"互联网＋"创新创业大赛、"创青春"（"挑战杯"）全国大学生创业大赛和中华职业教育创新创业大赛分别进行介绍。

知识目标

- 了解各种创业大赛的赛道、组别划分；
- 了解各种大赛的报名规则、评分规则和参赛流程；
- 掌握根据各大赛要求递交的参赛材料；
- 激发自己的参赛激情。

能力目标

- 根据条件准备项目报名参赛；
- 发挥优势，争取在大赛中赢得好成绩。

任务一　国内主要创新创业大赛介绍

随着"双创"的蓬勃开展，以创新创业大赛作为抓手推进行业创新创业成为国家各部委的重要工作之一。纵观国内有关创新创业赛事，不仅有各地的大赛，有企业举办的大赛，更有国家部委级的各种大赛。如团中央的"创青春"（"挑战杯"）大赛，中国科协的"中国创新创意大赛"、工信部的"三创（创新、创意、创业）大赛"、人社部的"中国创翼大赛"和教育部的"互联网+"创新创业大赛。在高校影响最大的还是教育部的"互联网+"大学生创新创业大赛和团中央的"创青春"（"挑战杯"）大赛。而对职业院校来说，还有中华职教社举办的"职业院校创新创业大赛"。

大赛是一个很好的抓手，可以激起学生对"双创"的关注，参与大赛可以锻炼学生的团队协作精神、语言和文字表达能力、舞台展示能力，增强自信。因此，大赛受到学校的普遍重视。

任务二　教育部"互联网+"大学生创新创业大赛

大赛自 2015 年李克强总理亲自提议举办以来，得到了党中央、国务院的高度关怀和指导。特别是 2017 年 8 月 15 日，习近平总书记给中国"互联网+"大学生创新创业大赛"青年红色筑梦之旅"大学生回信，极大地鼓舞了全体大学生的创新创业热情，为办好大赛指明了方向。国务院领导在每届大赛的总决赛都亲临现场，给予指导。第七届大赛更名为"中国国际互联网+大学生创新创业大赛"，共有来自国内外 121 个国家和地区、4347 所院校的 228 万余个项目、956 万余人次报名参赛，参赛项目数目增加55%，参赛人次增加 51%。

"互联网+"大学生创新创业大赛重在把大赛作为深化创新创业教育改革的重要抓手，引导各地各高校主动服务创新驱动发展战略，创新人才培养机制，切实提高高校学生的创新精神、创业意识和创新创业能力。

大赛设立专家委员会，由大赛组委会邀请行业企业、创投风投机构、大学科技园、高校和科研院所专家组成，负责参赛项目的评审工作，指导大学生创新创业。

各省（区、市）可根据实际成立相应的机构，负责本地初赛和复赛的组织实施、项目评审和推荐等工作。

"互联网+"大学生创新创业大赛在短短的时间里，已经成为国内同类大赛中最具影响力的赛事之一。

每年大赛的规则会进行适当调整，打算参加大赛的同学应该及时关注相关信息，大赛官网是：cy.ncss.cn。

一、根据参赛项目要求选择参赛项目

"互联网+"大学生创新创业大赛要求能够将移动互联网、云计算、大数据、物联网等新一代信息技术与经济社会各领域紧密结合，培育基于互联网的新产品、新服务、新业态、新模式。发挥互联网在促进产业升级以及信息化和工业化深度融合中的作用，促进制造业、农业、能源、环保等产业转型升级。发挥互联网在社会服务中的作用，创新网络化服务模式，促进互联网与教育、医疗、交通、金融、消费生活等深度融合。参赛项目主要包括以下类型。

（1）"互联网+"现代农业，包括农林牧渔等。

（2）"互联网+"制造业，包括智能硬件、先进制造、工业自动化、生物医药、节能环保、新材料、军工等。

（3）"互联网+"信息技术服务，包括工具软件、社交网络、媒体门户、数字娱乐、企业服务等。

（4）"互联网+"商务服务，包括电子商务、消费生活、金融、旅游户外、房产家居、高效物流等。

（5）"互联网+"文化创意服务，包括广播影视、设计服务、文化艺术、旅游休闲、艺术品交易、广告会展、动漫娱乐、体育竞技等。

（6）"互联网+"公共服务，包括教育文化、医疗健康、交通、人力资源服务等。

（7）"互联网+"公益创业，以社会价值为导向的非营利性创业。

（8）就业型创新创业组：主要以解决就业为考核指标，参赛队伍多为高职高专学校和地方本科院校。

二、参赛项目须真实、合法，无不良信息

参赛项目不得侵犯他人知识产权；所涉及的发明创造、专利技术、资源等必须拥有清晰合法的知识产权或物权；抄袭、盗用、提供虚假材料或违反相关法律法规一经发现即刻丧失参赛相关权利并自负一切法律责任。

参赛项目涉及他人知识产权的，报名时需提交完整的具有法律效力的所有人书面授权许可书、专利证书等；已完成工商登记注册的创业项目，报名时需提交单位概况、

法定代表人情况、股权结构、组织机构代码复印件等相关证明材料。

三、选择合适的赛道和组别

根据参赛项目所处的创业阶段及已获投资情况，以团队为单位报名参赛。允许跨校组建团队。每个团队的参赛成员不少于 3 人，须为项目的实际成员。参赛团队所报参赛创业项目，须为本团队策划或经营的项目，不可借用他人项目参赛。已获中国"互联网 +"大学生创新创业大赛金奖和银奖的项目，不再报名参赛。

四、大赛的流程和评分规则

（一）流程

1. 教育部发文启动比赛。

2. 各省教育厅转发教育部文件，启动省赛。

3. 各校转发省厅文件，正式启动校赛。

4. 各校各院系发动学生报名参赛，并进行校赛预选赛。

5. 各院系筛选出参加校赛的项目。

6. 各校组织校赛初选赛（一般是网络评审）。

7. 各校组织校内总决赛。

8. 省教育厅下发各校参加省总决赛的名额。

9. 各校根据校赛成绩、按省厅下发名额选送参赛项目。

10. 省厅组织专家对学校选报的项目进行网络评审，评出入围省赛现场赛的项目数。

11. 省厅组织现场赛，评出省级金、银、铜奖。

12. 教育部下发各省参赛名额。

13. 各省在省赛优秀项目中选出参加全国总决赛的项目上报教育部。

14. 教育部组织专家对各省上报的项目进行网络评审（初评），评选出参加全国总决赛现场赛的项目。

15. 教育部组织专家对部分项目进行会评，评选出入围总决赛的项目。

16. 教育部组织现场总决赛，评审出金、银奖。

17. 教育部组织专家从金奖项目组中评审出冠、亚、季军。

18. 颁奖典礼并颁发证书。

（二）评分规则

评审规则每年都有调整，具体请参见大赛官网：cy.ncss.cn。

任务三 "创青春"（"挑战杯"）全国大学生创业大赛

"创青春"（"挑战杯"）全国大学生创业大赛是由共青团中央、教育部、人力资源和社会保障部、中国科协、全国学联和地方省级人民政府主办，工业和信息化部、国务院国有资产监督管理委员会、中华全国工商业联合会支持的一项具有导向性、示范性和群众性的创业竞赛活动，每两年举办一届。

竞赛官方网站为：www.tiaozhanbei.net。

"挑战杯"中国大学生创业计划竞赛借用风险投资的运作模式，要求参赛者组成优势互补的竞赛小组，提出一项具有市场前景的技术、产品或者服务，并围绕这一技术、产品或服务，以获得风险投资为目的，完成一份完整、具体、深入的创业计划。

竞赛采取学校、省（自治区、直辖市）和全国三级赛制，分预赛、复赛、决赛三个赛段进行。

作为学生科技活动的新载体，创业计划竞赛在培养复合型、创新型人才，促进高校产学研结合，推动国内风险投资体系建立方面发挥出越来越积极的作用。

一、大赛评审细则

大赛下设三项主体赛事：大学生创业计划竞赛、创业实践挑战赛、公益创业赛。

（一）"创青春"大学生创业计划竞赛评审细则

1. 创业计划书评审要素

（1）资金预算。所有项目计划书要有详细的项目资金预算。项目申报的财务预算应本着务实、节俭、准确的原则，不足部分须说明补充资金来源。项目资助资金中不得包括个人或团队的薪酬安排。

（2）可行性。创业项目产品新颖，原则上应与提交者所学专业对口，且在大学生创业的能力范围之内。资金运用符合市场规律，可控可实施。

（3）时效性。由于省赛主办方规定活动实施期为5个月，创业项目的选择应尽量确保在实施期间获得可供考核评价的成果或提供阶段性考核指标。

（4）带动就业。创业项目对劳动就业的带动效应和作用大小将作为项目评审的重要参考指标。

（5）活动效益。创业项目所取得的社会效益和经济效益将同时纳入项目评审、评估的考评体系，进行综合考评。

2. 精英项目 PPT 答辩评分标准

（1）项目陈述评分标准（10 分钟，50%）。

产品（服务）介绍：全面且客观地介绍和评价产品（服务）的特点、性质和市场前景。

市场分析：市场进行了细致的调查，并对调查结果加以严密和科学的分析。

公司战略及营销战略：公司拥有短期和长期发展战略及应对不同时期的营销战略。

团队能力和经营管理：对本公司的团队能力有清晰的认识。掌握并熟知本团队经营管理的特点，明确公司经营和组织结构情况。

企业经济、财务状况：公司不同经营时期的经济、财务状况均清晰明了，经济、财务报表具有严密性。

融资方案和回报：有完善且符合实际的企业融资方案，并进行企业的资本回报率的测算。

关键的风险及问题的分析：对企业在经营中可能遇到的关键风险和问题进行过先期考虑和分析，并附有实质性的对策。

（2）现场问辩评分标准（5 分钟，40%）。

正确理解评委提问：对评委问题的要点有准确的理解，回答具有针对性而不泛泛而谈。

及时流畅做出回答：能在评委提问结束后迅速做出回答，回答内容连贯、条理清楚。

回答内容准确可信：回答内容建立在准确的事实和可信的逻辑推理上。

特定方面的充分阐述：对评委特别指出的方面能做出充分的说明和解释。

（3）团队整体表现评分标准（10%）。

整体答辩的逻辑性及清晰程度：陈述和回答提问的内容具有整体一致性，语言清晰明了。

团队成员协作配合：团队成员在陈述时有较好的配合，能协调合作，彼此互补，对相关领域的问题能阐述清楚。

在规定时间内有效回答：在规定时间内回答评委提问，无拖延时间的行为。

（二）"创青春"创业实践挑战赛评审细则

1. 经营状况

项目的经营收入、税收上缴、现金流量、持续盈利能力、市场份额等情况；主要业务利润、总资产收益、净资产收益、销售收入增长等状况。

2．发展前景

项目的产业背景和市场竞争环境；项目的市场机会和有效的市场需求、所面对的目标顾客；项目的独创性、领先性以及实现产业化的途径等；项目的商业模式、研发方向、扩张策略，主要合作伙伴与竞争对手等；面临的技术、市场、财务等关键问题，提出合理科学的规避计划。

3．营销策略

结合项目特点，制定合适的市场营销策略，包括自身产品、技术或服务的价格定位、渠道建设、推广策略等。

4．财务管理

股本结构与规模、资金来源于运用；盈利能力分析；风险投资退出策略等。

（三）"创青春"公益创业赛评审细则

1．公益性

第一档：对社会问题关注深入，立项所针对问题具体且受到关注较多、亟待解决。

第二档：对社会问题有较多关注，立项所针对问题具体且受到关注较多、有解决的必要。

第三档：对社会问题了解不多，立项所针对问题不很清晰或已经得到较好解决。

第四档：对社会问题了解和关注不足，立项所针对问题不很清晰或不属于公益范畴。

2．创业性

第一档：能够通过具有创新性、普适性、可推广性的商业模式，在消耗资源的同时不断引入大量新资源，使项目可自身维持、可持续发展，由此较好地解决瞄准的社会问题。

第二档：能够通过创新性的商业模式，在消耗资源的同时不断引入大量新资源使项目可自身维持、可持续发展，由此较好地解决瞄准的社会问题。

第三档：能够应用相对少量的启动资源，来撬动社会各界相对大量的资源，并通过商业运作方式不断引入新资源来解决瞄准的社会问题。

第四档：主要依靠本身的资金推进项目，能在一定程度上解决瞄准的社会问题。

3．实践性

第一档：很好地结合了人力、资源等实际情况，设定了切实可行的项目进度及目标，有丰富的实践成果。

第二档：能够结合了人力、资源等实际情况，设定了可行的项目进度及目标，有丰富的实践成果。

第三档：未能充分考虑人力、资源等实际情况，设定的进度及目标较难完成，实践成果较少。

（四）大赛的奖项设置

（1）三项主体赛事的奖项设置统一为金奖、银奖、铜奖，分别约占进入决赛项目总数的10%，20%，70%。

（2）专项赛事单独设置奖项，不计入所在学校得分。

（3）参赛全国终审决赛的项目，确认资格有效的，由全国组织委员会向作者颁发证书，并视情况给予创业资金、专业指导、出国培训等奖励。

（4）参加各省（自治区、直辖市）预赛的项目，确认资格有效而又未进入全国大赛的，由各省（自治区、直辖市）组织协调委员会向作者颁发证书。

二、大赛流程

大赛三项主体赛事分预赛、复赛和决赛三个阶段进行。2016年的"创青春"大学生创业大赛的参赛流程如下。

（一）省级预赛

（1）一般是4—5月，各省（自治区、直辖市）针对各高校评审推报的作品，按照大赛下设的3项主体赛事，组织本地预赛或评审，并在大赛官方网站（http://www.chuangqingchun.net）进行校级、省级参赛项目网络报备和申报。

（2）其中，大学生创业计划竞赛实行项目分类申报，即分为已创业和未创业两类（具体标准另行通知）。各省（自治区、直辖市）在推报复赛项目时，两类项目的比例不做限制。评委会将在复赛、决赛阶段，针对两类项目实行相同的评审规则；计分时，将视已创业项目实际运营情况，在其实得分基础上给予加分。

（3）具体事宜见参赛大赛官方网站通知。

（二）项目申报

（1）一般在6月9日前，各省（自治区、直辖市）汇总经预赛产生的参加复赛项目上，对项目申报表及相关材料的填写情况进行把关，按照统一要求，报送至组委会办公室。

（2）在三项主体赛事中，组委会不接受学校或个人的申报。

（3）报送项目的数量不得超过项目名额分配表中规定的数量。

（三）大赛复赛

7—8月，举行全国大赛复赛。评委会对项目进行评审，选出若干优秀项目进行决赛，并书面通知各省（自治区、直辖市）和相关高校。

（四）全国决赛

一般在11月，举行全国大赛决赛。评委会将通过相应评审环节，对三项主体赛事分别评出金奖、银奖、铜奖（复赛、决赛阶段具体事宜届时将另行通知）。大赛在符合大赛宗旨、具有良好导向的前提下，设立MBA、电子商务等专项竞赛，由相关部门协调具体组织，组织执行机构另设，奖项单独设立。

三、根据大赛规则和流程准备参赛材料

（一）参赛对象

（1）大学生创业计划竞赛：面向高等学校在校学生。

（2）创业实践挑战赛：面向高等学校在校学生或毕业未满5年的高校毕业生，且已投入实际创业3个月以上。

（3）公益创业赛：面向高等学校在校学生。

（4）MBA、电子商务等专项竞赛：分别面向就读于MBA专业的在校学生和高校在校生。

（二）参赛内容

（1）大学生创业计划竞赛：以商业计划书评审、现场答辩等作为参赛项目的主要评价内容。

（2）创业实践挑战赛：已投入实际创业3个月以上，以经营状况、发展前景等作为参赛项目的主要评价内容。

（3）公益创业赛：以创办非营利性质社会组织的计划和实践等作为参赛项目的主要评价内容。

（4）MBA、电子商务等专项竞赛：MBA专项赛由赛事承办方会同部分高校发起，组织和邀请国内设有MBA专业的各高校参加，通过申报创业项目计划书（是否已经投入创业及创业领域不限，申报不区分具体组别）参加该项赛事，每所高校只能组成一支团队参赛；电子商务专项赛由赛事承办方直接面向国内各高校开展，通过提交基于电子商务领域的创业项目计划书（是否已经投入创业不限，鼓励申报已运营的项目）参赛，每所高校最多可申报3项。

任务四 中华职业教育创新创业大赛

中华职业教育创新创业大赛是由中华职业教育社发起的，专门面向全国职业院校的创新创业大赛，已经完成了五届大赛。下面以第五届大赛为例进行介绍。

一、大赛主题

职教育工匠，双创筑梦想。

二、大赛目的

弘扬黄炎培职业教育思想，践行全国职业教育大会精神，搭建展现创新创业成果舞台，引导职校生学习创业知识，激发创新活力，提供创业能力。

三、组织机构

主办单位：中华职业教育社

指导单位：教育部、人力资源和社会保障部

四、参赛对象

大赛分中职组、高职组和应用技术型本科组。

1. 中职组：中职学生（含技工学校）在校生。

2. 高职组：高职学生（含技师院校）在校生。

3. 应用技术型本科组：应用技术型本科院校、职业技术大学（职教本科）在校生，不含研究生。

4. 五年制高职学生报名参赛的，1～3年级学生参加中职组比赛，4～5年级学生参加高职组比赛。

5. 应用技术型本科院校、职业技术大学的专科学生参加高职组比赛。

6. 参赛学生年龄不超过35岁。

五、参赛方式

1. 大赛由各省（自治区、直辖市）中华职教社自愿组织参赛，不接受个人组队申报。

2. 选手以团队方式参赛，每个团队参赛选手3～7人，其中1人为领衔人；每个参赛团队指导老师1～2名。比赛选手不得同时参加两个团队的比赛。

3.各参赛团队在本组别内可进行跨学科、跨专业和跨年级组队，不得跨校组队。

4.各省（区、市）推荐参加全国比赛的团队不超过12个。其中，各组不得超过4个。

5.以往获得本大赛总决赛金、银、铜奖的项目不可以报名参赛。

六、比赛赛制

1.大赛采取校级初赛、省级复赛、全国总决赛三级赛制。

2.全国总决赛分为网评和路演答辩两个环节。其中，网评以"项目申报评审书"评审和项目PPT为主；路演答辩环境采用现场或在线方式。

3.大赛共产生120个项目入围总决赛，其中，中职组40个、高职组40个、应用技术型本科组40个。

4.每所学校入围总决赛各赛道的项目不超过2个。

七、赛程安排

1.校级初赛、省级复赛：各省中华职教社组织完成省级比赛，遴选出参加全国比赛的团队。

2.全国总决赛。

（1）网上申报：各省职教社组织本省参赛队伍在规定时间内在线申报。申报时，项目要按照省内遴选名次进行排序。各省每个组别报满4个项目的，该组第1名自动晋级决赛，其余项目均须进行网络评审；未报满4个项目的，该组项目全部进行网络评审。根据网络评审成绩确定晋级决赛项目。

（2）网络评审：大赛组委会委托专家对各省申报项目进行评审。

（3）参加全国总决赛。

3.公布大赛结果。

课后练习

1.如果你是一名参赛者，你有意参加哪个比赛？为什么？

2.作为职校生，如果你参加"互联网+"创业大赛，你觉得自己有哪些优势？